ESPAG

Collection dirigée par
Guillaume de La Rocque

Pierre Ravier   Werner Reuther

GUIDE PRATIQUE
DE CONVERSATION
ESPAGNOL
LATINO-AMÉRICAIN

Traduction de Monique Lailhacar

Le Livre de Poche

SOMMAIRE

COMMENT UTILISER CE GUIDE

Ce guide de conversation est destiné à toutes les personnes désirant se rendre en Espagne ou en Amérique latine et qui ne maîtrisent pas la langue espagnole.

Il a été conçu de façon à faciliter les relations essentielles de la vie quotidienne. Plusieurs milliers de mots, de phrases et de formes syntaxiques permettront au lecteur de s'exprimer dans la plupart des cas susceptibles de se présenter à lui au cours de son voyage.

L'OUVRAGE COMPREND :

– **Un abrégé de grammaire** précisant quelques règles de la langue espagnole.
– **Un code de prononciation** facilement utilisable et sans lequel le lecteur de ce guide risquerait de ne pas toujours être compris par ses interlocuteurs.
– **Un guide pratique d'utilisation de la langue** constitué de six grands chapitres, rassemblant des thèmes présentés dans l'ordre alphabétique.
– **Un dictionnaire** de plus de deux mille mots.
– **Un index** facilitant la recherche des rubriques.

EXEMPLE D'UTILISATION DU MANUEL

Le lecteur désire acheter un costume :
1. Il pourra trouver le mot dans le *Dictionnaire* (page 188).
2. Il pourra consulter le thème « Habillement » dans le chapitre « Achats ». Si le mot « habillement » ne lui vient pas immédiatement à l'esprit, le lecteur trouvera également le renvoi à cette rubrique dans l'*Index*, aux mots « vêtements » et « prêt-à-porter ». La consultation de la rubrique « Habillement » présente l'avantage, par rapport au dictionnaire, de faciliter la formulation de la demande par l'emploi de phrases et de mots complémentaires figurant en ordre alphabétique et dans le vocabulaire de l'« Habillement ». Le lecteur sera ainsi immédiatement en mesure de nommer le « pantalon », la « veste », le « tissu », la « couleur »... et de formuler ses observations et ses demandes : « Je voudrais un cos-

tume coupé suivant ce modèle », « Auriez-vous le même modèle dans une autre couleur ? », « Il faudrait raccourcir les manches », « Pourriez-vous me montrer autre chose ? », « Puis-je essayer ? », etc.

Certains chapitres ont été particulièrement développés afin d'apporter une aide maximale au voyageur dans les domaines importants que sont la santé, la voiture et... les loisirs.

Notes du traducteur

L'espagnol parlé en Espagne est parfaitement compris en Amérique latine. Cependant, il existe de nombreux termes qui sont propres à certains pays ou certaines régions et dont l'utilisation facilite la communication. Nous nous sommes ainsi efforcés d'introduire dans le vocabulaire correspondant aux différentes situations les termes locaux, en indiquant, quand il s'agit d'un emploi plus localisé, le ou les pays concernés.

Toutefois, il nous a été impossible d'entrer dans des détails de distribution géographique du vocabulaire, et vous aurez souvent l'occasion de constater qu'un mot employé au Mexique, par exemple, s'emploie aussi dans certains pays d'Amérique centrale, ou qu'une expression signalée par l'abréviation *AmL* est plus fréquente dans les pays tropicaux que dans les pays de la partie australe, ou vice versa.

En règle générale, commencez toujours par utiliser le mot signalé comme local (voir ci-dessous : Abréviations), puis, si votre interlocuteur a du mal à vous comprendre, référez-vous au mot espagnol standard.

Abréviations utilisées dans le vocabulaire :

AmL : Amérique latine.
Arg : Argentine.
Chi : Chili.
Col : Colombie.
Mex : Mexique.
Pér : Pérou.

ABRÉGÉ DE GRAMMAIRE

Ce mémento grammatical, non exhaustif, se limite à un panorama général de la grammaire espagnole qui vous permettra d'élargir vos possibilités d'expression et de satisfaire votre curiosité sur le plan grammatical.

L'ARTICLE

L'article défini

	Singulier	Pluriel
Masculin	(le) *el avión*	(les) *los aviones*
Féminin	(la) *la puerta*	(les) *las puertas*

L'article indéfini

	Singulier	Pluriel
Masculin	(un) *un autobús*	(des) *unos autobuses*
Féminin	(une) *una señora*	(des) *unas señoras*

Attention ! l'article indéfini pluriel est très souvent omis (en fait, *unos / unas* ont plutôt le sens de « quelques »).

Quisiera comprar cigarrillos = Je voudrais acheter des cigarettes.
Tengo amigos en Madrid = J'ai des amis à Madrid.

L'article partitif

Il n'existe pas en espagnol.
Bebo vino = Je bois du vin.
Quisiera cerveza = Je voudrais de la bière.

LE GENRE ET LE NOMBRE

Les noms et les adjectifs qui se terminent par un « o » sont généralement masculins :

el vino = le vin ; *el ojo* = l'œil ; *el aeropuerto* = l'aéroport
(une exception importante : *la mano* = la main).

Les noms et les adjectifs qui se terminent par un « a » sont généralement féminins :

la playa = la plage ; *la mesa* = la table ; *la silla* = la chaise.

Les exceptions sont cependant nombreuses : *el día* = le jour ; *el sistema* = le système ; *el problema* = le problème.

Sont féminins aussi les noms terminés par « ción », « sión », « zón », « dad » et « tad » :

La nación = la nation ; *la libertad* = la liberté ; *la bondad* = la bonté.
Le féminin des adjectifs et de beaucoup de noms se forme : soit en remplaçant le « o » final par un « a » :

Contento = contenta ; *bonito* = bonita ;

soit en ajoutant aux adjectifs de nationalité un « a » à la consonne finale :

Español = española ; *francés* = francesa.

La plupart des adjectifs ayant une autre terminaison restent invariables.
Le pluriel se forme en ajoutant un « s » aux mots terminés par une voyelle, et « es » aux mots terminés par une consonne :

Calle = calles ; *libro* = libros ; *cama* = camas.

Avión = aviones ; *árbol* = árboles ; *flor* = flores.

LES POSSESSIFS

Les adjectifs possessifs

	Singulier	Pluriel
1re pers. sing.	(mon, ma) *mi*	(mes) *mis*
2e pers. sing.	(ton, ta) *tu*	(tes) *tus*
3e pers. sing.	(son, sa) *su*	(ses) *sus*
1re pers. plur.	(notre) *nuestro(a)*	(nos) *nuestros(as)*
2e pers. plur.	(votre) *vuestro(a)*	(vos) *vuestros(as)*
3e pers. plur.	(leur) *su*	(leurs) *sus*

Notez que la distinction masculin / féminin ne se fait qu'à la première et à la deuxième personne du pluriel.

Les pronoms possessifs

Singulier	Pluriel
1re pers. sing.	
(le-la mien-ne) *mío(a)*	(les miens-nes) *míos(as)*
2e pers. sing.	
(le-la tien-ne) *tuyo(a)*	(les tiens-nes) *tuyos(as)*
3e pers. sing.	
(le-la sien-ne) *suyo(a)*	(les siens-nes) *suyos(as)*
1re pers. plur.	
(le-la nôtre) *nuestro(a)*	(les nôtres) *nuestros(as)*
2e pers. plur.	
(le-la vôtre) *vuestro(a)*	(les vôtres) *vuestros(as)*
3e pers. plur.	
(le-la leur) suyo(a)	(les leurs) *suyos(as)*

Estas maletas son mías = Ces valises sont à moi (miennes).
Este pasaporte no es tuyo = Ce passeport n'est pas à toi (tien).
Estos documentos son los nuestros = Ces papiers sont à nous (nôtres).

LES DÉMONSTRATIFS

Dans l'espace autant que dans le temps, l'espagnol conçoit trois plans d'éloignement, et les adjectifs démonstratifs traduisent ces différents degrés par trois séries distinctes :

	1er plan *aquí* (ici)	2e plan *allí* (là)	3e plan *allá* (là-bas)
Masculin sing.	*este*	*ese*	*aquel*
Féminin sing.	*esta*	*esa*	*aquella*
Masculin plur.	*estos*	*esos*	*aquellos*
Féminin plur.	*estas*	*esas*	*aquellas*
Neutre	*esto*	*eso*	*aquello*

> *Este camping es excelente* = Ce camping est excellent.
> *Esas pistas son peligrosas* = Ces pistes-là sont dangereuses.
> *Aquellas vacaciones han sido extraordinarias* = Ces vacances-là ont été extraordinaires.

Les pronoms démonstratifs s'obtiennent en mettant un accent sur la voyelle tonique des adjectifs (la différence n'est donc qu'orthographique).

> *Este hotel es bueno pero ése es mejor* = Cet hôtel est bon mais celui-là est meilleur.
> *¿Qué restaurante prefieres, éste o ése?* = Quel restaurant préfères-tu, celui-ci ou celui-là ?

LES COMPARATIFS

Más... que = plus... que.
> *Este hotel es más caro que el otro* = Cet hôtel est plus cher que l'autre.
> *He comprado más recuerdos que tú* = J'ai acheté plus de souvenirs que toi.

Menos... que = moins... que.
> *Esta iglesia es menos bonita que ésa* = Cette église est moins belle que celle-là.
> Il fait moins froid qu'hier = *Hace menos frío que ayer.*

Tan... como = aussi... que.
> *Esta carretera es tan buena como la otra* = Cette route est aussi bonne que l'autre.
> *Eres tan distraído como yo* = Tu es aussi distrait que moi.

Tanto(a, os, as)... como = autant de... que.

    Tenemos tanto equipaje como ustedes = Nous avons autant de
      bagages que vous.

    Hay tantas frutas como en Francia = Il y a autant de fruits qu'en
      France.

LES SUPERLATIFS

El más grande = le plus grand.
El menos interesante = le moins intéressant.
El mejor = le meilleur.
El peor = le pire.
El mayor = le plus grand.
El menor = le plus petit.

LA NÉGATION

Pour exprimer la négation, il suffit de placer avant le verbe la particule
négative *no* :

    Soy de Lima / No soy de Lima = Je suis de Lima / Je ne suis pas de
      Lima.

    No hay lugar en el hotel = Il n'y a pas de place à l'hôtel.

VERBES ET CONJUGAISONS

Nous avons délibérément exclu les modes et temps verbaux présentant
trop de complexité ou de difficultés (subjonctif, impératif, prétérit). En
revanche, nous vous donnerons les éléments nécessaires pour que vous
puissiez vous exprimer au présent (présent et gérondif), au passé (passé
composé et imparfait) et au futur (futur proche) en utilisant les verbes
réguliers et les verbes irréguliers les plus courants.

Notez, dès à présent, qu'il existe trois groupes de verbes identifiables
par leurs terminaisons : AR, ER et IR.

Les différentes personnes (pronoms sujets)

Dans la conjugaison, les pronoms personnels sujets n'ont pas la même
distribution qu'en français :

1re pers. sing. = *yo*		(je)

1re pers. sing. = *yo*   (je)
2e pers. sing. = *tú*   (tu)
3e pers. sing. = *él*   (il)
                ella   (elle)
                usted   (vous singulier de politesse)
1re pers. plur. = *nosotros*   (nous)
2e pers. plur. = *vosotros*   (vous, pluriel familier ; il s'agit en
                                      fait du pluriel de *tú*.

Cette forme n'existe cependant pas en Amérique latine où elle est remplacée par « ustedes »).

3ᵉ pers. plur. = *ellos* (ils)
ellas (elles)
ustedes (vous pluriel de politesse)

Notez que le « vous » français peut se traduire de trois façons distinctes, selon la quantité et la qualité des interlocuteurs (usted, vosotros, ustedes). Souvenez-vous qu'en Amérique latine *vosotros* devient *ustedes* (pas de différence, au pluriel, entre la forme familière et la forme de courtoisie). Sachez aussi qu'en espagnol le tutoiement est plus spontané et plus répandu qu'en français. Néanmoins, et afin de ne pas commettre de maladresses, attendez que ce soit votre interlocuteur qui l'emploie le premier. Dernière remarque concernant les personnes : le pronom personnel sujet est rarement prononcé. Pour « Je suis français » on dira *Soy francés*, car *Yo soy francés* a plutôt le sens de « Moi, je suis français ».

Le présent

Modèle pour les trois groupes réguliers :

	AR HABLAR (parler)	ER COMER (manger)	IR VIVIR (vivre / habiter)
yo	hablo	como	vivo
tú	hablas	comes	vives
él / ella	habla	come	vive
usted	habla	come	vive
nosotros	hablamos	comemos	vivimos
vosotros	habláis	coméis	vivís
ellos / ellas	hablan	comen	viven
ustedes	hablan	comen	viven

Quelques verbes irréguliers :

	SER* (être)	ESTAR* (être)	IR (aller)
yo	soy	estoy	voy
tú	eres	estás	vas
él / ella	es	está	va
usted	es	está	va
nosotros	somos	estamos	vamos
vosotros	sóis	estáis	váis
ellos / ellas	son	están	van
ustedes	son	están	van

	TENER	*VENIR*	*DECIR*
	(avoir)	(venir)	(dire)
yo	tengo	vengo	digo
tú	tienes	vienes	dices
él / ella	tiene	viene	dice
usted	tiene	viene	dice
nosotros	tenemos	venimos	decimos
vosotros	tenéis	venís	decís
ellos / ellas	tienen	vienen	dicen
ustedes	tienen	vienen	dicen

	CONOCER	*PODER*	*SABER*
	(connaître)	(pouvoir)	(savoir)
yo	conozco	puedo	sé
tú	conoces	puedes	sabes
él / ella	conoce	puede	sabe
usted	conoce	puede	sabe
nosotros	conocemos	podemos	sabemos
vosotros	conocéis	podéis	sabéis
ellos / ellas	conocen	pueden	saben
ustedes	conocen	pueden	saben

* ÊTRE = *SER* ou *ESTAR* ?

Le verbe *SER* traduit le verbe ÊTRE dans les cas suivants :
— Quand on exprime des caractéristiques permanentes, invariables :
Identité : *Soy el señor Fabre* = Je suis monsieur Fabre.
Nationalité : *Somos franceses* = Nous sommes français.
Profession : *¿Es usted médico?* = Êtes-vous médecin ?
— Quand on nomme, définit, décrit quelqu'un ou quelque chose :
¿Quién es? = Qui est-ce ?
Es Juan = C'est Juan.
El hotel es limpio y barato = L'hôtel est propre et bon marché.
— Quand on exprime l'heure :
¿Qué hora es? = Quelle heure est-il ?
Es la una = Il est une heure.
Son las cuatro = Il est quatre heures.
— Quand on exprime le prix :
¿Cuánto es? = C'est combien ?
Son quinientas pesetas = (Cela fait) 500 pesetas.
— Quand on exprime la possession :
Es mi habitación = C'est ma chambre.
— Dans certaines structures impersonnelles :
Es fácil hablar español = Il est facile de parler espagnol.

Le verbe *ESTAR* traduit le verbe ÊTRE dans les cas suivants :
— Quand on exprime des caractéristiques variables :
¿Cómo está usted? = Comment allez-vous (êtes-vous) ?
Estoy bien pero estoy cansado = Je vais bien mais je suis fatigué.
— Quand on exprime la situation spatiale, géographique :
¿Dónde está el Museo del Prado? = Où est le musée du Prado ?
Está lejos de aquí = Il est loin d'ici.
Málaga está en Andalucía = Málaga est en Andalousie.
— Dans la formation du gérondif (forme progressive) :
Estoy estudiando español = J'étudie l'espagnol.

Le gérondif (forme progressive)

Cette forme correspond au français « être en train de » et sert à traduire beaucoup de phrases qui, en français, seraient dites au présent. Cette forme se construit avec le présent du verbe *ESTAR* suivi du gérondif.

Comment former le gérondif ?

— Verbes en *AR* : remplacez la terminaison par *ANDO* : *hablar* = *hablando* ; *trabajar* = *trabajando*.
— Verbes en *ER* et en *IR* : remplacez la terminaison par *IENDO* : *beber* = *bebiendo* ; *leer* = *leyendo* (« i » devient « y » entre deux voyelles).
Estoy buscando una farmacia = Je suis en train de chercher une pharmacie, ou simplement : Je cherche une pharmacie.
Estamos visitando Madrid = Nous visitons Madrid.
¿Estás comiendo? = Tu manges ?

Le passé composé

Il se construit avec le présent de l'auxiliaire verbal *HABER* suivi du participe passé qui reste invariable.

Présent de l'auxiliaire HABER :

yo	he
tú	has
él / ella	ha
usted	ha
nosotros	hemos
vosotros	habéis
ellos / ellas	han
ustedes	han

Formation du participe :

— Verbes en *AR* : remplacez la terminaison par *ADO* : tomar = tomado ; ganar = ganado.
— Verbes en *ER* et en *IR* : remplacez la terminaison par *IDO* : comer = comido ; ir = ido.

He trabajado mucho hoy = J'ai beaucoup travaillé aujourd'hui.
¿Has comido ya ? = Tu as déjà mangé?
¿Ha tenido usted un accidente ? = Avez-vous eu un accident?

Quelques participes irréguliers :

hacer (faire)	= *hecho*
decir (dire)	= *dicho*
escribir (écrire)	= *escrito*
ver (voir)	= *visto*
abrir (ouvrir)	= *abierto*
cubrir (couvrir)	= *cubierto*
romper (casser)	= *roto*
morir (mourir)	= *muerto*
poner (mettre)	= *puesto*
volver (revenir)	= *vuelto*

L'imparfait

Pour les verbes en *AR* = remplacez la terminaison par *ABA*...
Pour les verbes en *ER* et en *IR* = remplacez la terminaison par *ÍA*...

	AR *HABLAR* (parler)	ER *COMER* (manger)	IR *VIVIR* (vivre)
yo	hablaba	comía	vivía
tú	hablabas	comías	vivías
él / ella	hablaba	comía	vivía
usted	hablaba	comía	vivía
nosotros	hablábamos	comíamos	vivíais
vosotros	hablábais	comíais	vivíais
ellos / ellas	hablaban	comían	vivían
ustedes	hablaban	comían	vivían

Trois verbes irréguliers seulement :

	SER (être)	VER (voir)	IR (aller)
yo	era	veía	iba
tú	eras	veías	ibas
él / ella	era	veía	iba

usted	era	veía	iba
nosotros	éramos	veíamos	íbamos
vosotros	érais	veíais	íbais
ellos / ellas	eran	veían	iban
ustedes	eran	veían	iban

Le futur proche

Vous pouvez utiliser cette forme pour exprimer des actions immédiates aussi bien que des projets plus lointains. Le futur proche se construit avec le présent du verbe *IR + A* + infinitif.

Voy a tomar el avión = Je vais prendre l'avion.

Vamos a comprar flores = Nous allons acheter des fleurs.

En agosto, voy a ir a Acapulco = En août, je vais aller à Acapulco.

Le conditionnel

Nous avons volontairement exclu ce temps car il s'emploie surtout dans les phrases conditionnelles qui sont d'une extrême complexité et dont vous n'aurez pratiquement pas à vous servir.

Le conditionnel « Je voudrais... » – indispensable à tout voyageur – se traduit par le subjonctif passé. En voici la conjugaison :

yo	quisiera
tú	quisieras
él / ella	quisiera
usted	quisiera
nosotros	quisiéramos
vosotros	quisiérais
ellos / ellas	quisieran
ustedes	quisieran

CODE DE PRONONCIATION

Vous trouverez ci-dessous les différents sons espagnols suivis de la transcription phonétique que nous nous sommes efforcés de simplifier afin d'en faciliter la lecture. Il faut pourtant signaler qu'il existe de nombreuses variantes phonétiques – régionales et même nationales – dont il n'est pas possible de tenir compte ici. Néanmoins, le bon usage que vous ferez du code ci-dessous vous garantit une compréhension totale de la part de votre interlocuteur, qu'il soit espagnol ou latino-américain.

Les caractères **gras** indiquent la place de l'accent tonique. N'hésitez donc pas à appuyer sur les voyelles grasses : le respect de l'accent tonique est aussi important, sinon plus, que la bonne prononciation des différents sons.

Son	Se prononce	Symbole	Exemple
Voyelles:			
a	comme en français	a	casa = kassa
e	entre « é » et « è »	è	calle = kayè
i	comme en français	i	visita = vissita
o	plutôt ouvert	o	moto = moto
u	comme « ou » français	ou	sur = sour
Consonnes:			
b	comme en français, parfois moins articulé	b	árbol = arbol
c	+a +o +u, comme en français	k	caro = karo
	en Espagne : +e +i, se prononce en plaçant la pointe de la langue entre les dents ;	ç	servicio = sèrviçio
	en Amérique latine : comme « ss » français (si vous prononcez « ss » aussi en Espagne, vous serez toujours parfaitement compris...)		servicio = sèrvissio
ch	se prononce « tch »	tch	chal = tchal

CODE DE PRONONCIATION

Son	Se prononce	Symbole	Exemple
d	comme en français, parfois moins articulé en fin de mot	d	doctor = doktor
f	comme en français	f	foto = foto
g	+a +o +u +ue +ui, moins articulé qu'en français	g	guerra = guèrra
	+e +i, comme la prononciation de « j » (voir ci-dessous)	rh	gitana = rhitana
h	toujours muet, ne se transcrit pas	– –	hola = ola
j	comme « r » guttural, gratté et dur ; en Amérique latine, et notamment en Amérique centrale, le « j » est beaucoup plus doux et est parfois perçu comme une simple expiration (l'apostrophe avant le rh apparaît seulement en milieu de mot pour vous éviter de prononcer un « r » séparé du « h »)	rh	jota = rhota
		'rh	ojo = o'rho
k	comme en français	k	kilo = kilo
l	comme en français	l	lago = lago
ll	comme le « y » français (payer)	y	calle = kayé
m	comme en français	m	mano = mano
n	comme en français il n'est pas nasalisé et doit se prononcer « nn » en fin de syllabe ou fin de mot	n	negro = nègro
		nn	fin = finn
ñ	comme « gn » français	gn	niño = nigno
p	comme en français	p	poco = poko
q	comme en français	k	quién = kiènn
r	comme le « r » roulé français	r	pero = péro

Son	Se prononce	Symbole	Exemple
rr	comme le « r » mais de manière plus accentuée	rr	carro = karro
s	comme « ss » en français	s	sal = sal
	pour vous éviter de l'adoucir entre deux voyelles ou de l'omettre en fin de mot, nous l'avons transcrit « ss » dans ces deux positions :	ss	rosa = rossa más = mass
t	comme en français	t	todo = todo
v	comme en français, parfois moins articulé	v	vida = vida
w	se prononce « ou »	ou	water = ouatér
x	comme k+s	ks	taxi = taksi
y	se prononce « i » dans deux cas, la conjonction y (et) et en fin de mot ;	i	hay = aï
	dans les autres positions, il se prononce comme « y » (yoga, payer)	y	yo = yo
z	en Espagne, se prononce en plaçant la pointe de la langue entre les dents ;	ç	lazo = laço
	en Amérique latine : comme « ss » français (vous pouvez prononcer « ss » aussi en Espagne, on vous comprendra parfaitement...)	ss	lazo = lasso

LES BASES
DE LA CONVERSATION

ÂGE / DATES
edad (èdad) / *fechas* (fétchass)

Quel **âge** avez-vous ?
¿Cuántos años tiene usted?
¿kouanntoss agnoss tiènè oustèd?

J'ai vingt et un **ans**... trente ans.
Tengo veintiún años... treinta años.
tènngo vèinntiounn agnoss... trèinnta agnoss.

J'aurai... **ans** dans... mois.
Voy a cumplir... años dentro de... meses.
voï a koumplir... agnoss dènntro dè... mèssèss.

J'ai un (trois) **an(s)** de plus que...
Tengo un (tres) año(s) más que...
tènngo ounn (trèss) agno(ss) mass kè...

Quelle **date** sommes-nous ?
¿A cuánto estamos?
¿a kouannto èstamoss?

Il (elle) paraît plus **jeune** que son âge.
No representa su edad.
no rrèprèssènnta sou èdad.

Nous sommes le 24 août, **jour** de mon anniversaire.
Estamos a veinticuatro de agosto, día de mi
cumpleaños.
èstamoss a vèinntikouatro dè agosto, dia dè mi
koumplèagnoss.

SPECTACLES INTERDITS AUX MOINS DE 18 ANS...
AUX **MINEURS**... AUX ENFANTS DE MOINS DE 10 ANS.
SE PROHIBE LA ENTRADA A LOS MENORES DE
18 AÑOS... A LOS MENORES DE EDAD... A LOS
NIÑOS MENORES DE 10 AÑOS.
sè proïbè la ènntrada a loss mènorèss dè dièçiotcho
agnoss... a loss mènorèss dè èdad... a los nignoss
mènorèss dè dièç agnoss.

âge, dates

VOCABULAIRE

Adultes	los adultos	adoultoss
Anniversaire	el cumpleaños	koumplèagnoss
– de mariage	el aniversario de matrimonio	anivèrsario dè matrimonio
Ans	los años	agnoss
Aujourd'hui	hoy	oï
Centenaire	el centenario	çènntènario
Date de naissance	la fecha de nacimiento	fètcha dè naçimiènnto
Demain	mañana	magnana
Hier	ayer	ayèr
Jeune	joven	rhovènn
Jeunesse	la juventud	rhouvènntoud
Jour	el día	dia
Majeur	mayor de edad	mayor dè èdad
Mineur	menor de edad	mènor dè èdad
Mois	un mes	mèss
Naissance	el nacimiento	naçimiènnto
Naître	nacer	naçèr
Né le (je suis)	nací el	naçi èl
Vieillesse	la vejez	vè'rhèç
Vieillir	envejecer	ènnvè'rhéçèr
Vieux	viejo	viè'rho

expressions usuelles

EXPRESSIONS USUELLES
expresiones usuales
  (èksprèssionèss oussoualèss)

VOCABULAIRE

À	a, en	a, ènn
À cause de	a causa de, por	a kaoussa dè, por
À côté de	al lado de	al lado dè
À droite	a la derecha	a la dèrètcha
À gauche	a la izquierda	a la içkièrda
Ainsi	así	assi
Alors	entonces	ènntonnçèss
Ancien	antiguo	anntigouo
À peine	a penas	a pènass
Après	después	dèspouèss
Assez	bastante	bastanntè
À travers	a través	a travèss
Au contraire	al contrario	al konntrario
Au-dessous	debajo	dèba'rho
Au-dessus	encima	ènnçima
Au milieu de	al (en) medio de	al (ènn) mèdio dè
Autant	tanto	tannto
Autant que	tanto como	tannto komo
Autour	alrededor	alrrèdèdor
Avant	antes	anntèss
Avec	con	konn
Beau	hermoso, bello, bonito	èrmosso, bèyo, bonito
	(AmL : lindo)	linndo
Bientôt	luego	louègo
Bon appétit	buen provecho	bouènn provètcho
Bonjour	buenos días	bouènoss diass
Bon marché	barato	barato
Bonne nuit	buenas noches	bouènass notchèss
Bonsoir	buenas tardes	bouènass tardèss
Ça ne fait rien	no importa	no importa
	(Mex : ni modo)	ni modo
Ça suffit	basta, es suficiente	basta, èss soufiçiènntè
Car	pues, ya que	pouèss, ya kè
Ce, cet, cette	este, este, esta	èstè, èstè, èsta
Cela m'est égal	me da lo mismo	mè da lo mismo
Cela va de soi	es evidente	èss èvidènntè
Celui-ci, celle-ci	éste, ésta	èstè, èsta
Ceux-ci, celles-ci	éstos, éstas	èstoss, èstass

expressions usuelles

Français	Espagnol	Prononciation
Cependant	sin embargo	sinn èmbargo
Certainement	por supuesto, seguro	por soupouèsto, sègouro
C'est	es	èss
Ce n'est pas	no es	no èss
C'est à moi	es mío	èss mio
C'est à lui	es suyo	èss souyo
C'est à elle	es suyo	èss souyo
Chacun	cada uno	kada ouno
Chaque	cada	kada
Chaud	caliente	kaliènnté
Cher	caro	karo
Combien ?	¿cuánto?	kouannto
Comment ?	¿cómo?	komo
Comprends (je)	entiendo	ènntiènndo
Comprends pas (je ne)	no entiendo	no ènntiènndo
D'accord	de acuerdo	dè akouèrdo
Davantage	más	mass
Debout	de pie	dè piè
Dedans	adentro	adènntro
Dehors	afuera	afouèra
Déjà	ya	ya
Dépêchez-vous	¡de prisa!	dè prissa
	(AmL : apúrese)	apourèssè
Depuis	desde	dèsdè
Derrière	detrás	dètrass
Dessous	debajo	dèba'rho
Dessus	encima	ènnçima
De temps en temps	de vez en cuando	dè vèç ènn kouanndo
Devant	delante	dèlanntè
Difficile	difícil	dificil
En arrière	atrás	atrass
En avant	adelante	adèlanntè
En bas	abajo	aba'rho
En dehors	afuera	afouèra
En effet	en realidad, en efecto	ènn rrèalidad, ènn éfèkto
En face de	frente a	frènntè a
En haut	arriba	arriba
Est-ce	es	èss
Est-ce pas (n')	¿verdad?	vèrdad
	(AmL : ¿no es cierto?)	no èss çièrto
Et	y	i
Facile	fácil	façil
Faim (j'ai)	tengo hambre	tènngo ambrè
Fatigué (je suis)	estoy cansado	èstoï kannsado
Faux	falso	falso
Fermé	cerrado	çèrrado
Froid	frío	frio

expressions usuelles

Français	Espagnol	Prononciation
Gentil	amable	amablè
Grand	grande	granndè
Ici	aquí	aki
	(*AmL* : acá)	aka
Il y a	hay	aï
Il n'y a pas	no hay	no aï
Importance (sans)	sin importancia	sinn importannçia
Important (c'est)	es importante	èss importanntè
Impossible (c'est)	es imposible	èss impossiblè
Jamais	nunca, jamás	nounnka, rhamass
Jusqu'à	hasta	asta
Jeune	joven	rhovènn
Juste	justo	rhousto
Là	allí, ahí	ayi, aï
Là-bas	allá	aya
Laid	feo	féo
Léger	ligero	li'rhèro
	(*AmL* : liviano)	liviano
Lequel, laquelle	cuál	koual
Lesquels, lesquelles	cuáles	koualèss
Loin	lejos	lè'rhoss
Longtemps	mucho tiempo	moutcho tièmpo
Lourd	pesado	pèssado
Maintenant	ahora (*Mex* : ahorita)	aora, aorita
Malgré	a pesar de	a pèssar dè
Mauvais	malo	malo
Méchant	malo	malo
Meilleur	mejor	mè'rhor
Nouveau	nuevo	nouèvo
Ou	o	o
Où	dónde	donndè
Ou bien	o bien	o biènn
Ouvert	abierto	abièrto
Par	por	por
Parce que	porque	porkè
Par exemple	por ejemplo	por è'rhèmplo
Parfois	a veces	a vèçèss
Par ici	por aquí	por aki
Parmi	entre	ènntrè
Partout	por (en) todas partes	por (ènn) todass partèss
Pas assez	no suficientemente	no soufiçiènntémènntè
Pas du tout	en absoluto	ènn absolouto
Pas encore	todavía no	todavia no
Pas tout à fait	no del todo	no dèl todo
Pendant	durante	douranntè
Petit	pequeño	pékègno
	(*AmL* : chico)	tchiko

Peu	poco	poko
Peut-être	quizá(s)	kiça(ss)
Pire	peor	péor
Plusieurs fois	varias veces	variass véçèss
Pour	para	para
Pourquoi ?	¿por qué?	por kè
Près	cerca	çèrka
Presque	casi	kassi
Probablement	probablemente	probablèménnté
Puis-je ?	¿puedo?	pouèdo
Quand pouvez-vous ?	¿cuándo puede usted?	kouanndo pouèdè oustèd
Quel, quelle	qué	kè
Quelquefois	a veces	a véçèss
Qui ?	¿quién(es)?	kiènn(èss)
Quoi ?	¿qué?	kè
Quoique	aunque	aounnkè
Sans	sin	sinn
Sans doute	sin duda	sinn douda
Si (condition)	si	si
Sommeil (j'ai)	tengo sueño	tènngo souègno
Sous	bajo	ba'rho
Sous peu	dentro de poco	dènntro dè poko
Sur	sobre	sobrè
Tant	tanto	tannto
Tant mieux	tanto mejor	tannto mé'rhor
Tant pis	tanto peor, mala suerte	tannto péor, mala souèrtè
Tard	tarde	tardè
Temps (je n'ai pas le)	no tengo tiempo	no tènngo tièmpo
Tôt	temprano	tèmprano
Très	muy	moui
Très bien, merci	muy bien, gracias	moui biènn, graçiass
Trop	demasiado	dèmassiado
Urgent (c'est)	es urgente	èss our'rhènnté
Vers	hacia	açia
Veux pas (je ne)	no quiero	no kièro
Vieux	viejo	viè'rho
Vite	rápidamente (rápido)	rrapidamènnté, rrapido
Voici	aquí tiene	aki tiènè
Volontiers	con mucho gusto	konn moutcho gousto
Y a-t-il ?	¿hay?	aï

expressions usuelles

FAMILLE
familia (familia)

famille

VOCABULAIRE

Adultes	los adultos	adoultoss
Beau-frère	el cuñado	kougnado
Beau-père	el suegro	souègro
Belle-fille	la nuera	nouèra
Belle-mère	la suegra	souègra
Célibataire	soltero (a)	soltèro (a)
Cousin(e)	el primo, la prima	primo (a)
Descendants	los descendientes	déçènndiènntèss
Divorce	el divorcio	divorçio
Enfants	los hijos	i'rhoss
Femme (générique)	la mujer	mou'rhèr
Femme (épouse)	la esposa, señora	èspossa, sègnora
Fiançailles	los esponsales	èsponnsalèss
Fiancé(e)	el novio, la novia	novio (a)
Fille	la hija	i'rha
Fils	el hijo	i'rho
Frère	el hermano	èrmano
Garçon	un chico, muchacho	tchiko, moutchatcho
Gendre	el yerno	yèrno
Grand-mère	la abuela	abouèla
Grand-père	el abuelo	abouèlo
Grands-parents	los abuelos	abouèloss
Homme	el hombre	ombrè
Mari	el marido, esposo	marido, èsposso
Mariage	la boda, el matrimonio	boda, matrimonio
Marié(e)	casado (a)	kassado (a)
Mère	la madre	madrè
Neveu	el sobrino	sobrino
Nièce	la sobrina	sobrina
Nom	el apellido	apèyido
Oncle	el tío	tio
Parenté	el parentezco	parènntèçko
Parents (père et mère)	los padres	padrèss
– (famille)	los parientes	pariènntèss
Père	el padre	padrè
Petite-fille	la nieta	nièta
Petit-fils	el nieto	nièto
Prénom	el nombre (de pila)	nombrè (dé pila)
Séparé(e)	separado (a)	sèparado (a)
Sœur	la hermana	èrmana
Tante	la tía	tia

JOURS FÉRIÉS
días festivos (diass fèstivoss)

jours fériés

1er janvier :
Jour de l'An	El Año Nuevo	agno nouèvo

6 janvier :
Épiphanie	Epifanía	èpifania

19 mars :
Saint-Joseph	San José	sann rhossè
Vendredi saint	Viernes Santo	vièrnèss sannto
Lundi de Pâques	Lunes de Pascua	lounèss dè paskoua

1er mai :
Fête du Travail	Día del Trabajo	dia dèl traba'rho
Fête-Dieu	Corpus Cristi	korpouss kristi

25 juillet :
Saint-Jacques	Santiago Apóstol	sanntiago apostol

15 août :
Assomption	Asunción	assounnçionn

12 octobre :
Jour de l'Hispanité	Día de la Hispanidad	dia dè la ispanidad
	(*AmL :* Día de la Raza)	dia dè la rraça

1er novembre :
Toussaint	Todos los Santos	todoss loss sanntoss

8 décembre :
Immaculée	Inmaculada	inmakoulada
Conception	Concepción	konnçèpçionn

25 décembre :
Noël	Navidad	navidad

Fête nationale des pays d'Amérique latine

Argentine :	Argentina :	ar'rhènntina :
25 mai	25 de mayo	vèinntiçinnko dè mayo
Bolivie :	Bolivia :	bolivia :
6 août	6 de agosto	sèiss dè agosto
Chili :	Chile :	tchilè :
18 septembre	18 de septiembre	dièçiotcho dè sèptièmbrè
Colombie :	Colombia :	kolombia :
20 juillet	20 de julio	vèinntè dè rhoulio

jours fériés

Costa Rica :	Costa Rica :	kosta rrika :
15 septembre	15 de septiembre	kinnçé dè séptièmbrè
Cuba :	Cuba :	kouba :
1er janvier	primero de enero	primèro dè énèro
El Salvador :	El Salvador :	él salvador :
15 septembre	15 de septiembre	kinnçé dè séptièmbrè
Équateur :	Ecuador :	ékouador :
10 août	10 de agosto	dièç dè agosto
Guatemala :	Guatemala :	gouatèmala :
15 septembre	15 de septiembre	kinnçé dè séptièmbrè
Honduras :	Honduras :	onndourass :
15 septembre	15 de septiembre	kinnçé dè séptièmbrè
Mexique :	Méjico :	mé'rhiko :
16 septembre	16 de septiembre	dièçissèiss dè séptièmbrè
Nicaragua :	Nicaragua :	nikaragoua :
15 septembre	15 de septiembre	kinnçé dè séptièmbrè
Panama :	Panamá :	panama :
3 novembre	3 de noviembre	trèss dè noviémbrè
Paraguay :	Paraguay :	paragouaï :
14 / 15 mai	14 / 15 de mayo	katorçé i kinnçé dè mayo
Pérou :	Perú :	pèrou :
28 juillet	28 de julio	vèinntiotcho dè rhoulio
République dominicaine :	República dominicana :	rrépoublika dominikana :
27 février	27 de febrero	vèinntissiété dè fébrèro
Uruguay :	Uruguay :	ourougouaï :
25 août	25 de agosto	vèinnticinnko dè agosto
Venezuela :	Venezuela :	vénéçouéla :
5 juillet	5 de julio	çinnko dè rhoulio

MESURES / DISTANCES
medidas (médidass)
distancias (distannçiass)

LONGUEURS	LONGITUDES	lonn'rhitoudèss
Centimètre	un centímetro	çènntimètro
Kilomètre	un kilómetro	kilomètro
Mètre	un metro	mètro
Mille marin	una milla marina	miya marina

POIDS	PESOS	pèssoss
Gramme	un gramo	gramo
Hectogramme	un hectógramo	èktogramo
Kilogramme	un kilógramo	kilogramo
Quintal	un quintal	kinntal
Tonne	una tonelada	tonélada

SURFACES	SUPERFICIES	soupèrfiçièss
Kilomètre carré	un kilómetro cuadrado	kilomètro kouadrado
Mètre carré	un metro cuadrado	mètro kouadrado

VOLUMES	VOLÚMENES	voloumènnèss
Décalitre	un decálitro	dèkalitro
Hectolitre	un hectólitro	èktolitro
Litre	un litro	litro
Quart	un cuarto	kouarto
Mètre cube	un metro cúbico	mètro koubiko

DIVERS	VARIOS	varioss
Densité	la densidad	dènnsidad
Épaisseur	el espesor	èspèssor
Étroit	estrecho	èstrètcho
Hauteur	la altura	altoura
Large	ancho	anntcho
Largeur	el ancho	anntcho
Long	largo	largo
Profondeur	la profundidad	profounndidad

nombres

NOMBRES
números (**noum**éross)

0	cero	çéro
1	uno	ouno
2	dos	doss
3	tres	trèss
4	cuatro	kouatro
5	cinco	çinnko
6	seis	séiss
7	siete	siètè
8	ocho	otcho
9	nueve	nouévé
10	diez	diéç
11	once	onnçé
12	doce	doçé
13	trece	trèçé
14	catorce	katorçé
15	quince	kinnçé
16	dieciséis	dièçisséiss
17	diecisiete	dièçissiètè
18	dieciocho	dièçiotcho
19	diecinueve	dièçinouévé
20	veinte	véinntè
21	veintiuno	véinntiouno
22	veintidós	véinntidoss
23	veintitrés	véinntitrèss
24	veinticuatro	véinntikouatro
25	veinticinco	véinntiçinnko
26	veintiséis	véinntisséiss
27	veintisiete	véinntissiètè
28	veintiocho	véinntiotcho
29	veintinueve	véinntinouévé
30	treinta	tréinnta
31	treinta y uno	tréinntaïouno
32	treinta y dos	tréinntaïdoss
40	cuarenta	kouarénnta
50	cincuenta	çinnkouénnta
60	sesenta	sèssénnta
70	setenta	séténnta
80	ochenta	otchénnta
90	noventa	novénnta
100	cien	çiènn
200	doscientos	doçiènntoss
300	trescientos	trèçiènntoss

nombres

400	cuatrocientos	kouatroçiènntoss
500	quinientos	kiniènntoss
600	seiscientos	séiçiènntoss
700	setecientos	sétéçiènntoss
800	ochocientos	otchoçiènntoss
900	novecientos	novèçiènntoss
1 000	mil	mil
10 000	diez mil	dièç mil
100 000	cien mil	çiènn mil
1 000 000	un millón	ounn miyonn
Premier	primero	primèro
Deuxième	segundo	ségounndo
Troisième	tercero	tèrçèro
Quatrième	cuarto	kouarto
Cinquième	quinto	kinnto
Sixième	sexto	sèksto
Septième	séptimo	séptimo
Huitième	octavo	oktavo
Neuvième	noveno	novèno
Dixième	décimo	dèçimo
Demi (1 / 2)	un medio	ounn mèdio
Tiers (1 / 3)	un tercio	ounn tèrçio
Quart (1 / 4)	un cuarto	ounn kouarto
Trois quarts (3 / 4)	tres cuartos	trèss kouartoss
2 pour cent	dos por ciento	doss por çiènnto
10 pour cent	diez por ciento	dièç por çiènnto

POLITESSE / RENCONTRES

fórmulas de cortesía (formoulass dè kortèssia)
encuentros (ènnkouènntross)

Puis-je vous **accompagner** ?
¿Puedo acompañarle (la)?
¿pouèdo akompagnarlè (la)?

Pourriez-vous m'**aider** à connaître votre région...
votre ville ?
¿Podría usted ayudarme a conocer su región...
su ciudad?
¿podria oustèd ayoudarmè a konoçèr sou
rrè'rhionn... sou çioudad?

Vous êtes trop **aimable**.
Usted es muy amable.
oustèd èss moui amablè.

J'**aime** beaucoup votre pays.
Su país me gusta mucho.
sou païss mè gousta moutcho.

Comment vous **appelez**-vous ?
¿Cómo se llama usted?
¿komo sè yama oustèd?

Allons **boire un verre** !
¡Vamos a tomar una copa!
¡vamoss a tomar ouna kopa!

Cessez de m'importuner !
¡Déje de molestarme!
¡dè'rhè dè molèstarmè!

Je ne vous **comprends** pas bien.
No le entiendo bien.
no lè ènntiènndo biènn.

Comptez sur moi.
Cuente conmigo.
kouènntè konnmigo.

Je ne voudrais pas vous **déranger**.
No quisiera molestarle (la).
no kissièra molèstarlè (la).

Je suis **désolé**.
Lo siento mucho.
lo siènnto moutcho.

Avez-vous du **feu**, s'il vous plaît ?
¿Tiene usted fuego, por favor?
¿tiènè oustèd fouègo, por favor?

À quelle **heure** puis-je venir ?
¿A qué hora puedo venir?
¿a kè ora pouèdo vènir?

Heureux de vous connaître.
Encantado de conocerle (la).
ènnkanntado dè konoçèrlè (la).

Un **instant**, s'il vous plaît !
¡Un momento, por favor!
¡ounn momènnto, por favor!

Merci pour cette **invitation**.
Gracias por la invitación.
graçiass por la innvitaçionn.

Nous aimerions vous **inviter** à déjeuner... à dîner.
Nos gustaría invitarle (la) a almorzar... a cenar.
noss goustaria innvitarlè (la) a almorçar... a çènar.

Êtes-vous **libre** ce soir ?
¿Está usted libre esta noche?
¿èsta oustèd librè èsta notchè?

Madame, mademoiselle, monsieur, **parlez**-vous
français ?
Señora, señorita, señor, ¿habla usted francés?
sègnora, sègnorita, sègnor, ¿abla oustèd frannçèss?

Parlez plus lentement
Hable más despacio.
ablè mass dèspaçio.

De quel **pays** venez-vous ?
¿De qué país viene usted?
¿dè kè païss viènè oustèd?

politesse, rencontres

Je me **permets** de vous présenter madame...
mademoiselle... monsieur...
*Me permito presentarle a la Señora... a la Señorita...
al Señor...*
*mè pèrmito prèssènntarlè a la sègnora... a la
sègnorita... al sègnor...*

Permettez-moi de me présenter.
Permítame presentarme.
pèrmitamè prèssènntarmè.

Me **permettez-vous** de vous inviter à déjeuner...
à dîner... à danser ?
*¿Me permite invitarle (la) a almorzar... a cenar...
a bailar?*
*¿mè pèrmitè innvitarlè (la) a almorçar... a çènar...
a baïlar?*

Pouvez-vous **répéter**... me dire... s'il vous plaît ?
¿Puede usted repetir... decirme... por favor?
¿pouèdè oustèd rrèpètir... dèçirmè... por favor?

Où peut-on se **retrouver** ?
¿Dónde podemos encontrarnos?
¿donndè podèmoss ènnkonntrarnoss?

J'espère que nous nous **reverrons**.
Espero que volveremos a vernos.
èspèro kè volvèrèmoss a vèrnoss.

Je suis **seul(e)**, voulez-vous m'accompagner ?
Estoy solo (a), ¿quiere usted acompañarme?
èstoï solo (a), ¿kièrè oustèd akompagnarmè?

Pouvez-vous me laisser votre numéro de **téléphone** ?
¿Puede usted dejarme su número de teléfono?
*¿pouèdè oustèd dè'rharmè sou noumèro
dè tèlèfono?*

Combien de **temps** restez-vous ?
¿Cuánto tiempo se queda usted aquí?
¿kouannto tièmpo sè kèda oustèd aki?

Quel beau **temps** ! n'est-ce pas ?
¡Qué buen tiempo¡¿verdad?
¡kè bouènn tièmpo¡¿vèrdad?

Je n'ai pas le **temps** de vous parler.
No tengo tiempo de hablarle.
no tènngo tièmpo dè ablarlè.

Depuis combien de **temps** êtes-vous ici ?
¿Desde cuándo está usted aquí?
¿dèsdè kouannndo èsta oustèd aki?

Je suis en **vacances**... en **voyage d'affaires**.
Estoy de vacaciones... en viaje de negocios.
èstoï dè vakaçionèss... ènn via'rhè dè nègoçioss.

VOCABULAIRE

À bientôt	hasta pronto	asta pronnto
À ce soir	– la noche	– la notchè
À demain	– mañana	– magnana
Adieu	adiós	adioss
	(*AmL* : hasta luego)	asta louègo
Aider	ayudar	ayoudar
Aimerais (j')	me gustaría	mè goustaria
Asseyez-vous	siéntese	siènntèssè
Attendez-moi	espéreme	èspèrèmè
Au revoir	hasta luego	asta louègo
– –	– la vista	– la vista
Avec plaisir	con mucho gusto	konn moutcho gousto
À votre service	para servirle	para sèrvirlè
Beau	bonito, hermoso	bonito, èrmosso
	(*AmL* : lindo)	linndo
Belle	bonita, hermosa	bonita, èrmossa
	(*AmL* : linda)	linnda
Bien	bien	biènn
Boire	beber, tomar	bèbèr, tomar
Bon	buen(o)	bouènn(o)
Bon appétit	buen provecho	bouènn provètcho
Bonjour, madame	buenos días, señora	bouènoss diass, sègnora
– mademoiselle	– – señorita	– – sègnorita
– monsieur	– – señor	– – sègnor
Bonne nuit	buenas noches	bouènass notchèss
Bonsoir	– tardes (à partir de 12	– tardèss
	ou 14 heures)	
Ça va ?	¿qué tal?	kè tal
Certainement	por supuesto	por soupouèsto
C'est délicieux	es delicioso	èss dèliçiosso
C'est merveilleux	es maravilloso	èss maraviyosso
C'est possible	es posible	èss possiblè

politesse, rencontres

Comment allez-vous ? Bien, merci, et vous ?	¿cómo está usted? bien, gracias, ¿y usted? —	komo èsta oustèd biènn, graçiass i oustèd
Comprendre	entender	ènntènndèr
Déjeuner	almorzar	almorçar
	(*Mex* : comer)	komèr
De rien	de nada	dè nada
Dîner	cenar	çènar
Dormir	dormir	dormir
Enchanté(e)	encantado (a)	ènnkanntado (a)
En retard	atrasado	atrassado
Entrez, je vous en prie	pase (entre), por favor	passè, ènntrè, por favor
Excusez-moi	perdone, disculpe	pèrdonè, diskoulpè
Faim (j'ai)	tengo hambre	tènngo ambrè
Fatigué (je suis)	estoy cansado	èstoï kannsado
Heureux	feliz	fèliç
Instant	un momento	momènnto
Invitation	una invitación	innvitaçionn
Inviter	invitar	innvitar
Merci	gracias	graçiass
Merci beaucoup	muchas gracias	moutchass graçiass
Non	nó	no
Oui	sí	si
Pardon	perdón	pèrdonn
Parler	hablar, charlar	ablar, tcharlar
	(*Mex* : platicar)	platikar
	(*AmL* : conversar)	konnèvrsar
Perdu (je suis)	estoy perdido	èstoï pèrdido
Permettez-moi	permítame	pèrmitamè
Peut-être	quizá(s)	kiça(ss)
Pourquoi ?	¿por qué?	por kè
Pourriez-vous	¿podría usted?	podria oustèd
Présenter	presentar	prèssènntar
Pressé (je suis)	tengo prisa	tènngo prissa
	(*AmL* : estoy apurado)	èstoï apourado
Quand ?	¿cuándo?	kouanndo
Quelle heure ? (à)	¿a qué hora?	a kè ora
Regretter	sentir	sènntir
Répéter	repetir	rrèpètir
S'il vous plaît	por favor	por favor
Soif (j'ai)	tengo séd	tènngo sèd
Sommeil (j'ai)	tengo sueño	tènngo souègno
Très bien	muy bien	moui biènn
Visiter	visitar	vissitar
Volontiers	con mucho gusto	konn moutcho gousto
Voudrais (je)	quisiera	kissièra

TEMPS (CLIMAT)
tiempo (tièmpo)
clima (klima)

Quel temps va-t-il faire aujourd'hui ?
¿Cómo va a estar el tiempo hoy?
¿komo va a èstar èl tièmpo oï?

L'aiguille du baromètre est sur « variable ».
La aguja del barómetro está en « variable ».
la agou'rha dèl baromètro èsta ènn variablè.

Il y a un épais brouillard dans la vallée.
Hay una niebla densa en el valle.
aï ouna nièbla dènnsa ènn èl vayè.

Il fait chaud et lourd.
Hace calor y está bochornoso.
açè kalor i èsta botchornosso.

Le ciel est clair, il va faire beau et froid... beau et chaud.
El cielo está claro, el tiempo estará bueno y frío...
    bueno y caluroso.
èl çièlo èsta klaro, el tièmpo èstara bouèno i frio...
    bouèno i kalourosso.

Il gèle.
Está helando.
èsta èlanndo.

Les routes sont gelées, il faut mettre des pneus neige.
Las carreteras están con hielo, hay que poner los
    neumáticos para nieve.
lass karrètèrass èstann konn yèlo, aï kè ponèr loss
    nèoumatikoss para nièvè.

Il grêle.
Está granizando.
èsta graniçanndo.

Il neige.
Está nevando.
èsta nèvanndo.

temps (climat)

temps (climat)

Les **nuages** sont gris et bas, il pourrait bien pleuvoir.
Las nubes están grises y bajas, es probable que llueva.
lass noubèss èstann grissèss i ba'rhass, èss probablè
kè youèva.

Il **pleut**.
Está lloviendo.
èsta yoviènndo.

Il va **pleuvoir**... neiger.
Va a llover... nevar.
va a yovèr... nèvar.

La **pluie**... l'orage menace.
Es posible que llueva... que haya una tormenta.
èss possiblè kè youèva... kè aya ouna tormènnta.

Il fait un **temps** chaud et sec depuis... jours.
El tiempo está caluroso y seco desde hace... días.
èl tièmpo èsta kalourosso i sèko dèsdè açè... diass.

Il **tonne**.
Hay truenos.
aï trouènoss.

Il **vente**.
Hay viento.
aï viènnto.

VOCABULAIRE

Air	el aire	aïré
Averse	un aguacero, chubasco	agouaçèro, tchoubasko
Beau	hermoso, bueno	èrmosso, bouèno
Bleu	azul	açoul
Briller	brillar	briyar
Brouillard	la niebla	nièbla
Brume	la bruma	brouma
Chaleur	el calor	kalor
Chaud	caliente, caluroso	kaliènnté, kalourosso
Ciel	el cielo	çièlo
Clair	claro	klaro
Climat	el clima	klima
Couvert	cubierto	koubièrto
Dégagé	despejado	dèspé'rhado
Éclair	un relámpago	rrélampago
Éclaircie	aclarar *(verbe)*	aklarar

temps (climat)

Frais	fresco	frèsko
Froid	frío	frio
Se gâter (le temps)	descomponerse (el tiempo)	dèskomponèrsè èl tièmpo
	(AmL : echarse a perder)	ètcharsè a pèrdèr
Gelé(e)	helado (a)	èlado (a)
Glace	el hielo	yèlo
Grêle	el granizo	graniço
Gris	gris	griss
Humide	húmedo	oumèdo
Mouillé	mojado	mo'rhado
Neige	la nieve	nièvè
Nuage	una nube	noubè
Nuageux	nublado	noublado
Orage	una tormenta	tormènnta
Ouragan	un huracán	ourakann
Parapluie	un paraguas	paraguass
Pluie	la lluvia	youvia
Pluvieux	lluvioso	youviosso
Sec	seco	sèko
Soleil	el sol	sol
Sombre	obscuro	obskouro
Température	la temperatura	tèmpèratoura
Tempéré	temperado	tèmpèrado
Tempête	una tempestad, un temporal	tèmpèstad, tèmporal
Temps (beau)	buen tiempo	bouènn tièmpo
– (mauvais)	mal tiempo	mal tièmpo
– variable	tiempo variable	tièmpo variablè
Tropical	tropical	tropikal
Vent	el viento	viènnto
Verglacé	helado, con hielo	èlado, konn yèlo

temps (durée)

TEMPS (DURÉE)
tiempo (tièmpo) / *duración* (douraçionn)

Quelle heure est-il ?
¿Qué hora es?
¿kè ora èss?

Il est quatre heures dix... et quart... et demie...
moins le quart.
Son las cuatro y diez... y cuarto... y media...
menos cuarto.
sonn lass kouatro i dièç... i kouarto... i mèdia...
mènoss kouarto.

Depuis une heure... huit heures du matin... deux jours...
une semaine.
Desde la una... las ocho de la mañana... desde hace
dos días... una semana.
dèsdè la ouna... lass otcho dè la magnana... dèsdè
açè doss diass... ouna sèmana.

Combien de temps dure la représentation... le trajet ?
¿Cuánto tiempo dura la función... el trayecto?
¿kouannto tièmpo doura la founnçionn...
èl trayèkto?

Il y a cinq... dix minutes... une heure... deux semaines...
un an.
Hace cinco... diez minutos... una hora... dos sema-
nas... un año.
açè çinnko... dièç minoutoss... ouna ora... doss sèma-
nass... ounn agno.

Pendant la **matinée**... la **soirée**... la **journée**.
Durante la mañana... la tarde (la noche)... el día.
douranntè la magnana... la tardè (la notchè)... èl dia.

L'horloge... la **montre**... la pendule... avance... retarde.
Este reloj adelanta... atrasa.
èstè rrèlo'rh adèlannta... atrassa.

Pendant combien de temps ?
¿Durante cuánto tiempo?
¿douranntè kouannto tièmpo?

temps (durée)

Prenons **rendez-vous** pour... à...
Démonos cita el... a las...
dèmonoss çita èl... a lass...

VOCABULAIRE

Français	Español	Prononciation
Année	el año	agno
– bissextile	– – bisiesto	– bissièsto
– dernière	– – pasado	– passado
– prochaine	– – próximo	– proksimo
Après	después	dèspouèss
Après-demain	pasado mañana	passado magnana
Après-midi	la tarde	tardé
Attendre	esperar	èspèrar
Aujourd'hui	hoy	oï
Automne	el otoño	otogno
Autrefois	antes	anntèss
Avancer	adelantar	adèlanntar
Avant	antes	anntèss
Avant-hier	antes de ayer	anntèss dè ayèr
	(*Mex* : antier)	anntièr
Avenir	el futuro	foutouro
Calendrier	el calendario	kalènndario
Changement d'heure	el cambio de hora	kambio dè ora
Commencement	el principio, comienzo	prinnçipio, komiènnço
Date	una fecha	fètcha
Demain	mañana	magnana
Demi-heure	média hora	média ora
Depuis	desde	dèsdè
Dernier	último	oultimo
Été	el verano	vèrano
Fin	el fin	finn
Futur	el futuro	foutouro
Heure	la hora	ora
– d'été	– – de verano	– dè vèrano
– d'hiver	– – de inviemo	– dè innvièrno
Hier	ayer	ayèr
Hiver	el invierno	innvièrno
Instant	un instante	innstanntè
JOUR	UN DÍA	dia
Lundi	lunes	lounèss
Mardi	martes	martèss
Mercredi	miércoles	mièrkolèss
Jeudi	jueves	rhouèvèss
Vendredi	viernes	vièrnèss
Samedi	sábado	sabado
Dimanche	domingo	dominngo

temps (durée)

Français	Español	Prononciation
Jour férié	un día festivo	dia fèstivo
– ouvrable	– – laboral	– laboral
Matin	la mañana	magnana
Midi	mediodía	mèdiodia
Minuit	medianoche	mèdianotchè
Minute	un minuto	minouto
MOIS	MES	mèss
Janvier	enero	ènèro
Février	febrero	fébrèro
Mars	marzo	março
Avril	abril	abril
Mai	mayo	mayo
Juin	junio	rhounio
Juillet	julio	rhoulio
Août	agosto	agosto
Septembre	septiembre	sèptièmbrè
Octobre	octubre	oktoubrè
Novembre	noviembre	novièmbrè
Décembre	diciembre	diçièmbrè
Moment	un momento	momènnto
	(AmL : un rato)	rrato
Nuit	la noche	notchè
Passé	pasado	passado
Passer le temps	pasar el tiempo	passar èl tièmpo
Présent	presente	prèssènntè
Printemps	la primavera	primavèra
Quand	cuando	kouanndo
Quart d'heure	un cuarto de hora	kouarto dè ora
Quinzaine	quince días	kinnçè diass
Quotidien	cotidiano	kotidiano
	(AmL : diario)	diario
Retard	un retraso, atraso	rrètrasso, atrasso
Retarder	retrasar, atrasar	rrètrassar, atrassar
Saison	una estación	èstaçionn
Seconde (temps)	un segundo	sègounndo
Semaine	una semana	sèmana
– dernière	la – pasada	– passada
– prochaine	la – próxima	– proksima
Siècle	un siglo	siglo
Soir	la tarde, noche	tardè, notchè
Soirée	la tarde, noche, velada	tardè, notchè, vèlada
Tard	tarde	tardè
Tôt	temprano	tèmprano
Veille	la vispera	vispèra
Vite	de prisa	dè prissa
	(AmL : rápido)	rrapido
Week-end	el fin de semana	finn dè sèmana

EN CAS DE PROBLÈME

POLICE
policia (poliçia)

Où est le commissariat de police le plus proche ?
¿Dónde está la comisaría más cercana?
¿donndè èsta la komissaria mass çèrkana?

Pouvez-vous m'aider ?
¿Puede usted ayudarme?
¿pouèdè oustèd ayoudarmè?

C'est **arrivé** à l'hôtel... dans ma chambre... dans la rue...
dans ma voiture... ce matin... cette nuit... hier... main-
tenant.
*Ocurrió en el hotel... en mi habitación... en la calle...
en mi coche... esta mañana... esta noche... ayer...
ahora.*
*okourrio ènn èl otèl... ènn mi abitaçionn... ènn la
kayè... ènn mi kotchè... èsta magnana... èsta
notchè... ayèr... aora.*

Je voudrais faire une **déclaration** de perte... de vol.
Quisiera hacer una declaración de pérdida... de robo.
*kissièra açèr ouna dèklaraçionn dè pèrdida...
dè rrobo.*

On m'a volé... j'ai **perdu**... mon sac... mes papiers... mon
passeport... ma valise... ma voiture... mon appareil photo.
*Me han robado... he perdido... mi bolso... mis docu-
mentos... mi pasaporte... mi maleta... mi coche...
mi cámara fotográfica.*
*mè ann rrobado... è pèrdido... mi bolso... miss dokou-
mènntoss... mi passaportè... mi malèta...
mi kotchè... mi kamara fotografika.*

Je veux **porter plainte**.
Quiero presentar una denuncia.
kièro prèssènntar ouna dènounnçia.

On a **volé** dans ma voiture.
Me han robado en el coche.
mè ann rrobado ènn èl kotchè.

police

VOCABULAIRE

Abîmer	estropear	èstropèar
	(AmL : echar a perder)	étchar a pèrdèr
Accident	un accidente	akçidènntè
Agent de police	un policía	poliçia
Agression	una agresión	agrèssionn
AMBASSADE	EMBAJADA	èmba'rhada
Amende	una multa	moulta
Appareil photo	la cámara fotográfica	kamara fotografika
Argent	el dinero	dinèro
	(AmL : la plata)	plata
Assurances	los seguros	sègouross
Avocat	un abogado	abogado
Bijoux	las joyas	rhoyass
Certifier	certificar	çèrtifikar
Condamner	condenar	konndènar
CONSULAT	CONSULADO	konnsoulado
Contravention	una multa	moulta
Déclaration	una declaración	dèklaraçionn
Drogue	la droga	droga
Enquête	una investigación	innvèstigaçionn
Erreur	un error	èrror
Examiner	examinar	èksaminar
Expertise	un peritaje	pèrita'rhè
Fracturer	quebrar	kèbrar
Innocent	inocente	inoçènntè
Nier	negar	nègar
Passeport	el pasaporte	passaportè
Perte	la pérdida	pèrdida
Poche	el bolsillo	bolsiyo
POLICE	POLICÍA	poliçia
Police (commissariat)	la comisaría	komissaria
Portefeuille	la cartera	kartèra
	(AmL : la billetera)	biyètèra
Procès	un juicio	rhouiçio
Procès-verbal	un boletín de multa	bolètinn dè moulta
Sac à main	un bolso	bolso
	(AmL : una cartera)	kartèra
Secours	socorro	sokorro
Témoin	un testigo	tèstigo
Valise	una maleta	malèta
Voiture	un coche	kotchè
	(Mex : un carro)	karro
	(AmL : un auto)	aouto
Vol	un robo	rrobo
Voleur	un ladrón	ladronn

SANTÉ
salud (sal**ou**d)

santé

J'ai une **allergie** à...
Soy alérgico (a) a...
so**ï** al**è**r'rhiko (a) a...

Faites venir une **ambulance** !
¡ Lláme una ambulancia!
i yam**è** **ou**na amboulannçia!

Voulez-vous **appeler** un médecin ?
¿Puede usted llamar a un médico, por favor?
¿po**uè**d**è** oust**è**d yamar a ounn m**è**diko, por fav**o**r?

Où puis-je trouver un **dentiste** ?
¿Dónde puedo encontrar a algún dentista?
¿d**o**nnd**è** po**uè**do **è**nnkonntrar a alg**ou**nn d**è**nntista?

Je ne connais pas mon **groupe sanguin**.
No sé cual es mi grupo sanguíneo.
no s**è** koual **è**ss mi gr**ou**po sannguin**è**o.

Mon **groupe sanguin** est...
Mi grupo sanguíneo es...
mi gr**ou**po sannguin**è**o **è**ss...

Je suis (il, elle est) **hémophile**.
Soy (es) hemofílico(a).
so**ï** (**è**ss) **è**mofiliko(a).

Où se trouve l'**hôpital** ?
¿Dónde está el hospital?
¿d**o**nnd**è** **è**sta **è**l ospital?

Où est la **pharmacie la plus proche** ?
¿Dónde está la farmacia más cercana?
¿d**o**nnd**è** **è**sta la farm**a**çia mass ç**è**rkana?

Je voudrais un **rendez-vous** le plus tôt possible.
Quisiera pedir hora lo antes posible.
kissi**è**ra p**è**dir **o**ra lo annt**è**ss possibl**è**.

Envoyez-moi du **secours** !
  ¡ Mándeme alguna ayuda!
  ¡ manndèmè algouna ayouda!

C'est **urgent** !
  ¡ Es urgente!
  ¡ èss our'rhènntè!

SPÉCIALITÉS MÉDICALES

Français	Espagnol	Prononciation
Cardiologie	cardiología	kardiolo'rhia
Chirurgie	cirujía	çirou'rhia
Consultations	consultats	konnsoultass
Dermatologie	dermatología	dèrmatolo'rhia
Gastro-entérologie	gastro-enterología	gastro-ènntèrolo'rhia
Gynécologie	ginecología	rhinèkolo'rhia
Infirmerie	enfermería	ènnfèrmèria
Médecine générale	medicina general	mèdiçina rhènèral
Neurologie	neurología	nèourolo'rhia
Obstétrique	obstetricia	obstètriçia
Ophtalmologie	oftalmología	oftalmolo'rhia
Oto-rhino-laryngologie	otorrinolaringología	otorrinolarinngolo-'rhiá
Pédiatrie	pediatría	pèdiatria
Pneumologie	neumología	nèoumolo'rhia
Radiographie	radiografía	rradiografia
Soins	curas	kourass
	(AmL : curaciones)	kouraçionèss
Urgences	urgencias	our'rhènnçiass
Urologie	urología	ourolo'rhia

DENTISTE
dentista (dènntista)

Je veux une **anesthésie**.
  Quiero anestesia.
  kièro anèstèssia.

Il faut l'**arracher**.
  Hay que sacarlo (la).
  aï kè sakarlo (la).

santé (dentiste)

Je ne veux pas que vous l'**arrachiez**.
No quiero que me lo (la) saque.
no kièro kè mè lo (la) sakè.

Crachez !
¡ Escupa!
¡ èskoupa!

Cette **dent** bouge.
Este diente (esta muela) está suelto (a).
èstè diènntè (èsta mouèla) èsta souèlto (a).

J'ai cassé mon **dentier**.
Se me ha quebrado la dentadura (postiza).
sè mè a kèbrado la dènntadoura (postiça).

Il faut **extraire** la dent.
Hay que sacar el diente (la muela).
aï kè sakar èl diènntè (la mouèla).

Ma **gencive** est douloureuse.
Me duelen las encías.
mè douèlènn lass ènnçiass.

J'ai très **mal** en bas... devant... au fond... en haut.
Me duele mucho abajo... adelante... al fondo... arriba.
mè douèlè moutcho aba'rho... adèlanntè... al fonndo... arriba.

J'ai **perdu** mon **plombage**... ma couronne.
Se me ha caído el empaste... la corona.
sè mè a kaïdo èl èmpastè... la korona.

Rincez-vous.
Enjuáguese.
ènn'rhouaguèssè.

Je préférerais des **soins** provisoires.
Preferiría una cura provisoria.
prèfèriria ouna koura provissoria.

VOCABULAIRE

Abcès	un flemón	flèmonn
	(*AmL :* un absceso)	abçèsso
Anesthésie	la anestesia	anèstèssia
Appareil	un aparato	aparato

Bouche	la boca	boka
Bridge	un puente	pouènntè
Cabinet de consultation	consulta	konnsoulta
Carie	una caries	karièss
Couronne	una corona	korona
Dent	un diente	diènntè
Dent de sagesse	la muela del juicio	mouèla dèl rhouiçio
Dentier	la dentadura postiza	dènntadoura postiça
Gencive	las encías	ènnçiass
Gingivite	una gingivitis	rhinn'rhivitiss
Incisive	un incisivo	innçissivo
Inflammation	una inflamación	innflamaçionn
Mâchoire	la mandíbula	manndiboula
Molaire	una muela, un molar	mouèla, molar
Obturer	obturar	obtourar
Pansement	un apósito	apossito
Piqûre	una inyección	innyèkçionn
Plombage	un empaste	èmpastè
	(AmL : una tapadura)	tapadoura
Saigner	sangrar	sanngrar

HÔPITAL / MÉDECIN

hospital (ospital) / *médico* (médiko)

J'ai des coliques... des coups de soleil... des courbatures... de la fièvre... des frissons... des insomnies... la nausée... des vertiges.

> *Tengo cólicos... quemaduras de sol... agujetas... fiebre... escalofríos... insomnios... náuseas... vértigos.*
> *tènngo kolikoss... kèmadourass dè sol... agou'rhètass... fièbrè... èskalofrioss... innsomnioss... naoussèass... vèrtigoss.*

Des **analyses** sont nécessaires.
> *Hay que hacer algunos análisis.*
> *aï kè açèr algounoss analississ.*

Combien vous dois-je ?
> *¿Cuánto le debo?*
> *¿kouannto lè dèbo?*

santé (hôpital / médecin)

À quelle **heure** est la consultation ?
¿A qué hora es la consulta?
¿a kè ora èss la konnsoulta?

Il faut aller à l'**hôpital**.
Hay que ir al hospital.
aï kè ir al ospital.

Vous avez une **infection**.
Usted tiene una infección.
oustèd tiènè ouna innfèkçionn.

J'ai **mal** ici... dans le dos... à la gorge... à la tête...
au ventre.
Me duele aquí... la espalda... la garganta...
la cabeza... el vientre.
mè douèlè aki... la èspalda... la gargannta...
la kabèça... èl viènntrè.

Je suis **malade**.
Estoy enfermo (a).
èstoï ènnfèrmo (a).

Nous devons **opérer**.
Tenemos que operar.
tènèmoss kè opèrar.

Ouvrez la bouche.
Abra la boca.
abra la boka.

Je vais vous faire une **piqûre**.
Voy a ponerle una inyección.
voï a ponèrlè ouna innyèkçionn.

Respirez à fond.
Respire profundamente.
rrèspirè profounndamènntè.

Je ne me **sens** pas bien.
No me siento bien.
no mè siènnto biènn.

Depuis combien de **temps** ?
¿Desde cuándo?
¿dèsdè kouanndo?

Êtes-vous vacciné contre le **tétanos** ?
 ¿Le vacunaron contra el tétanos?
 ¿lė vakounaronn konntra èl tètanoss?

Tirez la langue.
 Saque la lengua.
 sakė la lènngoua.

VOCABULAIRE

Français	Espagnol	Prononciation
Abcès	un flemón	flèmonn
(*AmL* : un absceso)	abcésso	
Allergique	alérgico	alèr'rhiko
Ambulance	una ambulancia	amboulannçia
Ampoule	una ampolla	ampoya
Anesthésie	la anestesia	anèstèssia
Angine	una angina	ann'rhina
– de poitrine	– – de pecho	– dė pètcho
Appendicite	una apendicitis	apènndiçitiss
Artère	una arteria	artèria
Artérite	una arteritis	artèritiss
Articulation	una articulación	artikoulaçionn
Asthme	el asma	asma
Avaler	tragar	tragar
Blessure	una herida	èrida
Bouche	la boca	boka
Bras	el brazo	braço
Brûlure	una quemadura	kèmadoura
Cabinet de consultation	la consulta	konnsoulta
Cardiaque	cardíaco (a)	kardiako (a)
Cheville	el tobillo	tobiyo
Choc (état de)	estado de choc	èstado dė tchok
Cœur	el corazón	koraçonn
Colique hépatique	un cólico hepático	koliko èpatiko
– néphrétique	– – nefritico	– nèfritiko
Colonne vertébrale	la columna vertebral	koloumna vèrtèbral
Constipation	el estreñimiento	èstrègnimiènnto
Consultation	una consulta	konnsoulta
Convulsion	una convulsión	konnvoulsionn
Coqueluche	la tos ferina	toss fèrina
	(*AmL* : – – convulsiva)	– konnvoulsiva
Côte	una costilla	kostiya
Cou	el cuello	kouèyo
Coude	el codo	kodo
Coups de soleil	las quemaduras de sol	kèmadourass dė sol
Coupure	un corte, tajo	kortè, ta'rho
Courbatures	agujetas	agou'rhètass

santé (hôpital / médecin)

santé (hôpital / médecin)

Français	Espagnol	Prononciation
Crampe	un calambre	kalambrè
Cuisse	el muslo	mouslo
Délire	el delirio	dèlirio
Dépression	la depresión	dèprèssionn
Diabétique	diabético (a)	diabètiko (a)
Diarrhée	una diarrea	diarrèa
Digérer	digerir	di'rhèrir
Doigt	un dedo	dèdo
Dos	la espalda	èspalda
Douleur	un dolor	dolor
Droite (à)	a la derecha	a la dèrètcha
Enceinte	embarazada	èmbaraçada
Entorse	un esguince	èsguinnçè
Épaule	el hombro	ombro
Estomac	el estómago	èstomago
Fièvre	la fiebre	fièbrè
Foie	el hígado	igado
Foulure	una torcedura	torçèdoura
Fracture	una fractura	fraktoura
Furoncle	un furúnculo	fourounnkoulo
Gauche (à)	a la izquierda	a la içkièrda
Genou	la rodilla	rrodiya
Gorge	la garganta	gargannta
Grippe	la gripe	gripè
Hanche	la cadera	kadèra
Hématome	un hematoma	èmatoma
Hémophile	un hemofílico	èmofiliko
Hémorroïdes	las almorranas	almorranass
	(*AmL* : las hemorroides)	èmorroïdèss
Indigestion	una indigestión	inndi'rhèstionn
Infarctus	un infarto	innfarto
Infection	una infección	innfèkçionn
Inflammation	una inflamación	innflamaçionn
Insolation	una insolación	innsolaçionn
Intestins	los intestinos	inntèstinoss
Jambe	la pierna	pièrna
Langue	la lengua	lènngoua
Lèvres	los labios	labioss
Lombaires	lumbar	loumbar
Mâchoire	la mandíbula	manndiboula
Main	la mano	mano
Maternité	maternidad	matèrnidad
Médecin	médico	mèdiko
Médicament	una medicina	mèdiçina
	(*AmL* : un remedio)	rrèmèdio
Morsure (chien)	una mordedura	mordèdoura
– (serpent)	una picadura	pikadoura

santé (hôpital / médecin)

Muscle	un músculo	mouskoulo
Nausée	una náusea	naoussèa
Nerf	un nervio	nèrvio
Nez	la nariz	nariç
Œil	el ojo	o'rho
Ordonnance	una receta	rrèçèta
Oreilles	los oídos	oïdoss
Oreillons	las paperas	papèrass
Orgelet	un orzuelo	orçouèlo
Os	un hueso	ouèsso
Otite	una otitis	otitiss
Pancréas	el páncreas	pannkrèass
Peau	la piel	pièl
Pied	el pie	piè
Piqûre d'abeille	una picadura de abeja	pikadoura dè abè'rha
– de méduse	una irritación provocada por una medusa	irritaçionn provokada por ouna mèdoussa
Pleurésie	una pleuresia	plèourèssia
Poitrine	el pecho	pètcho
Poumon	el pulmón	poulmonn
Prostate	la próstata	prostata
Rate	el bazo	baço
Refroidissement	un resfriado, enfriamiento	rrèsfriado, ènnfriamiènnto
Rein	el riñón	rrignonn
Respirer	respirar	rrèspirar
Rhumatisme	el reumatismo	rrèoumatismo
Rhume	un catarro, resfrío	katarro, rrèsfrio
Rotule	la rótula	rrotoula
Rougeole	el sarampión	sarampionn
Rubéole	la rubeola	rroubèola
Sang	la sangre	sanngrè
Scarlatine	la escarlatina	èskarlatina
Sciatique	la ciática	çiatika
– (nerf)	el nervio ciático	nèrvio çiatiko
Sein	un seno	sèno
Selles	las heces, los excrementos	èçèss, èkskrèmènntoss
Sexe	el sexo	sèkso
Sida	el sida	sida
Sinusite	la sinusitis	sinoussitiss
Somnifère	un somnífero	somnifèro
Stérilet	un dispositivo intra-uterino (d.i.u.)	dispossitIvo inntraoutèrIno (diou)
Système nerveux	el sistema nervioso	sistèma nèrviosso
Talon	el talón	talonn
Tension	la tensión	tènnsionn

santé (pharmacie)

Tête	la cabeza	kabéça
Toux	la tos	toss
Ulcère	una úlcera	oulçéra
Urine	la orina	orina
Varicelle	la varicela	variçéla
Veine	una vena	véna
Vertèbre	una vértebra	vértèbra
Vésicule	la vesícula	véssikoula
Vessie	la vejiga	vé'rhiga
Visage	el rostro, la cara	rrostro, kara

PHARMACIE

farmacia (farmaçia)

Pouvez-vous m'indiquer une pharmacie de garde ?
¿Puede usted indicarme una farmacia de guardia?
¿pouèdè oustèd inndikarmé ouna farmaçia
dè gouardia?

Avez-vous ce médicament sous une autre **forme** ?
¿Tiene usted esta misma medicina en otra forma?
¿tièné oustèd èsta misma médiçina énn otra forma?

Avez-vous un médicament de même **formule** ?
¿Tiene usted alguna medicina con la misma fórmula?
¿tièné oustèd algouna médiçina konn la misma
formoula?

J'ai besoin d'un remède contre le **mal** de tête.
Necesito una medicina para el dolor de cabeza.
néçèssito ouna médiçina para èl dolor dè kabèça.

Ce **médicament** se délivre seulement sur **ordonnance**.
Esta medicina se vende sólo con receta médica.
èsta médiçina sè vènndè solo konn rrèçèta mèdika.

Pouvez-vous me **préparer cette ordonnance** ?
¿Puede usted prepararme esta receta?
¿pouèdè oustèd prépararmé èsta rrèçèta?

Avez-vous quelque chose **pour soigner la toux** ?
¿Tiene usted algo para la tos?
¿tièné oustèd algo para la toss?

Avez-vous **quelque chose** pour arrêter la diarrhée ?
¿Tiene usted algo para parar la diarrea?
¿tiènè oustèd algo para parar la diarrèa?

santé (pharmacie)

VOCABULAIRE

À jeun	en ayunas	ènn ayounass
Alcool	el alcohol	alkol
Analyse	un análisis	analississ
Antidote	un antídoto	anntidoto
Antiseptique	un antiséptico	anntissèptiko
Aspirine	una aspirina	aspirina
Bandage	una venda	vènnda
Collyre	un colirio	kolirio
Compresse	una compresa	komprèssa
Comprimé	una tableta, píldora	tablèta, pildora
Contraceptif	un anticonceptivo	anntikonnçèptivo
Coton	algodón	algodonn
Coups de soleil	las quemaduras de sol	kèmadourass dè sol
Désinfectant	un desinfectante	dèssinnfèktanntè
Gouttes pour le nez	gotas para la nariz	gotass para la nariç
– – les oreilles	– – los oídos	– – loss oïdoss
– – les yeux	– – los ojos	– – o'rhoss
Laxatif	un laxante	laksanntè
Ordonnance	una receta	rrèçèta
Pansement	un apósito	apossito
PHARMACIE DE GARDE	FARMACIA DE GUARDIA	farmaçia dè gouardia
	(*AmL :* – DE TURNO)	– dè tourno
Pilule contraceptive	la píldora anticonceptiva	pildora antikonnçèptiva
Pommade pour brûlures	una pomada para	pomada para
	quemaduras	kèmadourass
– anti-infections	– antiinfecciones	– anntiinnfèkçionèss
Préservatifs	preservativos	prèssèrvativoss
Produit anti-moustiques	un producto	prodoukto
	antimosquitos	anntimoskitoss
Serviettes hygiéniques	paños higiénicos	pagnoss i'rhiènikoss
Sirop	un jarabe	rharabè
Somnifère	un somnífero	somnifèro
Sparadrap	el esparadrapo	èsparadrapo
	(*AmL :* la tela emplástica)	tèla èmplastika
Suppositoires	unos supositorios	soupossitorioss
Tampax	un tampax	tampaks
Thermomètre	un termómetro	tèrmomètro
Tranquillisant	un tranquilisante	trannkilisanntè
Tricosteril	un(a) curita	kourita
Trousse d'urgence	un botiquín	botikinn
Vitamine C	vitamina C	vitamina çé

voiture (accident)

VOITURE
coche (kotché)

ACCIDENT
accidente (akçidénnté)

Il m'est arrivé un **accident**.
He tenido un accidente.
é ténido ounn akçidénnté.

Il y a eu un **accident sur la route** de... au croisement de... entre... à environ... kilomètres de...
Ha habido un accidente en la carretera de... en el cruce de... entre... aproximadamente a... kilómetros de...
a abido ounn akçidénnté énn la karrètèra dè... énn èl krouçé dè... énntrè... aproksimadaménnté a... kilométross dè...

Pouvez-vous m'**aider** ?
¿Puede usted ayudarme?
¿pouèdé oustèd ayoudarmè?

Appelez vite une **ambulance**... un **médecin**... la **police**.
Lláme rápido una ambulancia... a un médico... a la policía.
yamé rrapido ouna amboulannçia... a ounn mèdiko... a la poliçia.

Il y a des **blessés**.
Hay heridos.
aï éridoss.

Je suis **blessé**.
Estoy herido.
éstoï érido.

Ne **bougez** pas.
No se mueva.
no sè mouèva.

Coupez le contact.
Pare el motor.
parè èl motor.

Il faut **dégager** la voiture.
Hay que sacar el coche.
aï kè sakar èl kotchè.

Donnez-moi les **documents de la voiture** (la carte grise)... l'attestation d'assurance.
Déme los documentos del coche... la póliza de seguros.
dèmè loss dokoumènntoss dèl kotchè... la poliça dè ségouross.

Voici mon **nom** et mon adresse.
Aquí tiene mi nombre y mi dirección.
aki tiènè mi nombrè i mi dirèkçionn.

Donnez-moi vos **papiers**... votre permis de conduire.
Déme sus documentos... su permiso de conducir.
dèmè souss dokoumènntoss... sou pèrmisso dè konndouçir.

Puis-je **téléphoner** ?
¿Puedo llamar por teléfono?
¿pouèdo yamar por tèlèfono?

Acceptez-vous de **témoigner** ?
¿Acepta usted ser testigo?
¿açèpta oustèd sèr tèstigo?

Avez-vous une **trousse de secours** ?
¿Tiene usted un botiquín?
¿tiènè oustèd ounn botikinn?

voiture (accident)

VOCABULAIRE

Artère	una arteria	artèria
Articulation	una articulación	artikoulaçionn
Blessure	una herida	èrida
Bras	el brazo	braço
Brûlé	quemado	kèmado
Brûlure	una quemadura	kèmadoura
Choc	un choque	tchokè
Colonne vertébrale	la columna vertebral	koloumna vèrtébral
Côte	una costilla	kostiya
Épaule	el hombro	ombro
Garrot	un torniquete	tornikétè
Genou	la rodilla	rrodiya
Hémorragie	una hemorragia	èmorra'rhia
Jambe	la pierna	pièrna

voiture (garage)

Ligaturer	hacer una ligadura	açèr ouna ligadoura
Main	la mano	mano
Nuque	la nuca	nouka
Œil	el ojo	o'rho
Pied	el pie	piè
Poitrine	el pecho	pètcho
Tête	la cabeza	kabèça
Veine	una vena	vèna
Visage	el rostro, la cara	rrostro, kara

GARAGE

garaje (gara'rhè)

Pouvez-vous recharger la **batterie** ?
   ¿Puede usted cargar la batería?
   ¿pouèdè oustèd kargar la batèria?

Le moteur **cale**.
   El motor se para (se cala).
   èl motor sè para (sè kala).

Il est nécessaire de **changer**...
   Es preciso cambiar...
   èss prèçisso kambiar...

Combien **coûte** la réparation ?
   ¿Cuánto vale el arreglo?
   ¿kouannto valè èl arrèglo?

La voiture ne **démarre pas**.
   El coche no arranca.
   èl kotchè no arrannka.

L'**embrayage** patine.
   El embrague patina.
   èl èmbraguè patina.

Le radiateur **fuit**.
   El radiador gotea.
   èl rradiador gotèa.

Il y a une **fuite** d'huile.
   Está goteando el aceite.
   èsta gotèanndo èl açèitè.

Puis-je **laisser ma voiture** maintenant ?
¿Puedo dejar el coche ahora?
¿pouèdo dè'rhar èl kotchè aora?

Le **moteur** chauffe trop.
El motor calienta demasiado.
èl motor kaliènnta dèmassiado.

Avez-vous la **pièce de rechange** ?
¿Tiene usted el repuesto?
¿tiènè oustèd èl rrèpouèsto?

Pouvez-vous réparer le **pneu** ?
¿Puede usted arreglar el neumático?
¿pouèdè oustèd arrèglar èl nèoumatiko?

Quand sera-t-elle **prête** ?
¿Cuándo estará listo?
¿kouanndo èstara listo?

Pouvez-vous **vérifier** l'allumage... la direction...
les pneus... l'huile... le circuit électrique ?
¿Puede usted controlar el encendido... la dirección...
los neumáticos... el aceite... el sistema eléctrico?
¿pouèdè oustèd konntrolar èl ennçenndido...
la dirèkçionn... loss nèoumatikoss... èl açèitè...
èl sistèma èlèktriko?

Veuillez faire une **vidange** et un graissage.
Haga un cambio de aceite y un engrase.
aga ounn kambio dè açèitè i ounn ènngrassè.

Les **vitesses** passent mal.
Los cambios están duros.
loss kambioss èstann douross.

PANNE
avería (avèria)

Ma voiture est en panne.
Mi coche tiene una avería.
mi kotchè tiènè ouna avèria.

voiture (panne)

voiture (panne)

Pouvez-vous m'**aider** à pousser... à changer la roue ?
*¿Puede usted ayudarme a empujar... a cambiar
la rueda?*
*¿pouèdè oustèd ayoudarmè a èmpou'rhar...
a kambiar la rrouèda?*

Combien de temps faut-il **attendre** ?
¿Cuánto tiempo hay que esperar?
¿kouannto tièmpo aï kè èspèrar?

Pouvez-vous me **conduire** à...
¿Puede usted llevarme a...?
¿pouèdè oustèd yèvarmè a...?

Peut-on faire venir une **dépanneuse** ?
¿Se puede llamar el coche de auxilio carretero?
¿sè pouèdè yamar èl kotchè dè aouksilio karrètèro?

Où est le **garage** le plus proche ?
¿Dónde está el garaje más cercano?
¿donndè èsta èl gara'rhè mass çèrkano?

Pouvez-vous me **remorquer** ?
¿Puede usted remolcarme?
¿pouèdè oustèd rrèmolkarmè?

Y a-t-il un **service de dépannage** ?
¿Hay algún servicio de reparación?
¿aï algounn sèrviçio dè rrèparaçionn?

La **station-service** est-elle loin ?
¿Está lejos la gasolinera?
¿èsta lè'rhoss la gassolinèra?

D'où peut-on **téléphoner** ?
¿De dónde se puede llamar por teléfono?
¿dè donndè sè pouèdè yamar por tèlèfono?

Me permettez-vous d'**utiliser votre téléphone** ?
¿Me permite usted usar su teléfono?
¿mè pèrmitè oustèd oussar sou tèlèfono?

TRANSPORTS / DÉPLACEMENTS

AGENCE DE VOYAGES

agencia de viajes (a'rhènnçia dè via'rhèss)

Pouvez-vous m'indiquer une agence de voyages ?
¿Puede usted indicarme una agencia de viajes?
¿pouèdè oustèd inndikarmè ouna a'rhènnçia dè via-'rhèss?

Bonjour !
¡Buenos días!
i bouènoss diass!

J'aimerais...
Me gustaría...
mè goustaria...

Auriez-vous... ?
¿Tendría usted...?
¿tènndria oustèd...?

Acceptez-vous les **chèques de voyage** ?
¿Acepta usted los cheques de viaje?
¿açèpta oustèd loss tchèkèss dè via'rhè?

Avez-vous un **circuit** meilleur marché ?
¿Tiene usted algún circuito más barato?
¿tiènè oustèd algounn çirkouito mass barato?

Pourriez-vous m'organiser un **circuit** partant de... passant par... pour aller à... ?
¿Podría usted organizarme un circuito que salga de... que pase por... que vaya a...?
¿podria oustèd organiçarmè ounn çirkouito kè salga dè... kè passè por... kè vaya a...?

Cela me **convient**.
Esto me agrada.
èsto mè agrada.

Combien cela **coûte**-t-il ?
¿Cuánto vale ésto?
¿kouannto valè èsto?

TRANSPORTS / DÉPLACEMENTS

Pour la visite, avez-vous un **guide parlant français** ?
¿Para la visita, tiene usted un guía que hable francés?
¿Para la vissita, tiènè oustèd ounn guia kè ablè frannçèss?

J'aimerais **modifier** le parcours.
Me gustaría modificar el recorrido.
mè goustaria modifikar èl rrèkorrido.

Pouvez-vous me **proposer** autre chose ?
¿Puede usted proponerme otra cosa?
¿pouèdè oustèd proponèrmè otra kossa?

Le **transfert** à la gare... à l'aéroport... de l'hôtel
à la gare, est-il inclus ?
El traslado a la estación... al aeropuerto... del hotel a la estación, ¿está incluido?
èl traslado a la èstaçionn... al aèropouèrto... dèl otèl a la èstaçionn, ¿èsta innklouido?

Merci, au revoir.
Gracias, adiós (hasta luego).
graçiass, adioss (asta louègo).

VOCABULAIRE

Français	Espagnol	Prononciation
Annuler	anular, cancelar	anoular, kannçèlar
Arriver	llegar	yègar
Assurances	los seguros	sègouross
Avion	el avión	avionn
Bagage	el equipaje	èkipa'rhè
– (excédent de)	el exceso de equipaje	èkçèsso dè èkipa'rhè
Billet	un billete	biyètè
	(*AmL* : un pasaje)	passa'rhè
– plein tarif	– – de tarifa completa	– dè tarifa komplèta
– demi-tarif	– – de media tarifa	– dè mèdia tarifa
– aller et retour	– – de ida y vuelta	– dè ida i vouèlta
– de groupe	– – de grupo	– dè groupo
Boisson	la bebida	bèbida
Cabine	el camarote	kamarotè
Chambre	la habitación	abitaçionn
	(*AmL* : el cuarto)	kouarto
Changer	cambiar	kambiar
Circuit	un circuito	çirkouito
Classe, première	primera clase	primèra klassè
– seconde	segunda clase	sègounnda klassè

agence de voyages

agence de voyages

– touriste	clase turista	klassé tourista
– affaires	– negocios	– négoçioss
Compartiment	un departamento	départaménnto
Confirmer	confirmar	konnfirmar
Correspondance	un transbordo	trannsbordo
Couchette	una litera	litéra
Couloir	el pasillo, corredor	passiyo, korrédor
Croisière	un crucero	krouçéro
Escale	una escala	éskala
Excursion	una excursión	ékskoursionn
Fenêtre	la ventana	vénntana
Fumeurs	fumadores	foumadoréss
Guide	el guía	guia
Inclus	incluido	innklouido
Indicateur des chemins de fer	la guía de ferrocarriles	la guia dé fèrrokarriléss
Non fumeurs	no fumadores	no foumadoréss
Randonnée	una caminata, un paseo	kaminata, passéo
Repas	una comida	komida
Réservation	una reserva	rrèssérva
Retard	un retraso, atraso	rrétrasso, atrasso
Route	la carretera	karrètéra
	(AmL : el camino)	kamino
Saison basse	la temporada baja	témporada ba'rha
– haute	– – alta	– alta
Supplément	un suplemento	soupléménnto
Train	el tren	trénn
Trajet	el trayecto	trayékto
Transfert	el traslado	traslado
Valise	una maleta	maléta
Voiture	un coche	kotché
	(Mex : un carro)	karro
	(AmL : un auto)	aouto
Vol	un vuelo	vouélo
Wagon-lit	el coche cama	kotché kama

AUTOBUS / AUTOCAR
autobús (aoutobouss)
autocar (aoutokar)

autobus, autocar

Où est la station du bus qui va à... ?
¿Dónde está la estación del autobus que va a...?
¿donndè èsta la èstaçionn dèl aoutobouss kè va a...?

Pouvez-vous m'arrêter à... ?
¿Puede usted parar en...?
¿pouèdè oustèd parar ènn...?

Je voudrais un billet pour...
Quisiera un billete para...
kissièra ounn biyètè para...

Faut-il changer de bus ?
¿Hay que cambiar de autobús?
¿aï kè kambiar dè aoutobouss?

Combien coûte le trajet jusqu'à... ?
¿Cuánto vale el trayecto hasta...?
¿kouannto valè èl trayèkto asta...?

Pouvez-vous me prévenir, quand je devrai descendre ?
¿Puede usted avisarme cuando tengo que bajar?
¿pouèdè oustèd avissarmè kouanndo tènngo
  kè ba'rhar?

À quelle heure passe le dernier bus ?
¿A qué hora pasa el último autobús?
¿a kè ora passa èl oultimo aoutobouss?

Avez-vous un plan du réseau... un horaire ?
¿Tiene usted algún plano de los recorridos...
  un horario?
¿tiènè oustèd algounn plano dè loss rrèkorridoss...
  ounn orario?

autobus, autocar

VOCABULAIRE

Aller simple	ida	ida
Aller et retour	ida y vuelta	ida i vouèlta
ARRÊT	PARADA	parada
ARRÊT FACULTATIF	PARADA DISCRECIONAL	– diskrèçional
	(AmL : – FACULTATIVA)	– fakoultativa
ARRÊT OBLIGATOIRE	PARADA OBLIGATORIA	– obligatoria
Autobus	el autobús	aoutobouss
	(Mex : el camión)	kamionn
	(Chi : la micro)	mikro
	(Arg : el colectivo)	kolèktivo
Bagages	equipaje	èkipa'rhé
Banlieue	la periferie, las afueras	pèrifèriè, afouèrass
	(AmL : los suburbios)	soubourbioss
BILLETS	BILLETES	biyètèss
	(AmL : BOLETOS)	bolètoss
Chauffeur	el chofer	tchofèr
Complet	completo, lleno	komplèto, yèno
Correspondance	una conexión	konèksionn
	un transbordo	trannsbordo
DESCENTE	BAJADA	ba'rhada
Destination	el destino	dèstino
Gare routière	la terminal de	tèrminal dè
	autobuses	aoutoboussèss
Guichet	la ventanilla, taquilla	vènntaniya, takiya
	(AmL : la boletería)	bolètèria
Horaire	el horario	orario
MONTÉE	SUBIDA	soubida
Prix	el precio	prèçio
Receveur	el cobrador	kobrador
RENSEIGNEMENTS	INFORMACIONES	innformaçionèss
SORTIE	SALIDA	salida
STATION	ESTACIÓN	èstaçionn
Supplément	un suplemento	souplèmènnto
Tarif	una tarifa	tarifa
(Demi-tarif)	media tarifa	média tarifa
Terminus	el terminal	tèrminal
Tramway	un tranvía	trannvia

AVION
avión (avi**o**nn)

avion

Acceptez-vous les petits **animaux** en cabine ?
¿Se pueden llevar animalitos en la cabina?
*¿sè pou**è**dènn yèvar animalitoss ènn la kabina?*

Faut-il enregistrer ce **bagage** ?
¿Hay que facturar este equipaje?
¿aï kè faktourar èstè èkipa'rhè?

Puis-je garder cette valise comme **bagage à main** ?
*¿Puedo quedarme con esta maleta como equipaje
de mano?*
*¿pou**è**do kèdarmè konn èsta malèta komo èkipa'rhè
dè mano?*

Mon **bagage est endommagé**
Mi equipaje está dañado.
mi èkipa'rhè èsta dagnado.

Je voudrais un **billet** simple... un aller et retour... en
première classe... en classe affaires... en classe touriste.
*Quisiera un billete de ida... un ida y vuelta... en pri-
mera clase... en clase negocios... en clase turista.*
*kissièra ounn biyètè dè ida... ounn ida i vouèlta... ènn
primèra klassè... ènn klassè nègoçioss... ènn klassè
tourista.*

Où se trouvent les **boutiques** « hors taxe » ?
*¿Dónde se encuentran las tiendas libres de
impuesto?*
*¿donndè sè ènnkouènntrann lass tiènndass librèss dè
impouèsto?*

J'ai perdu ma **carte d'embarquement**.
He perdido mi tarjeta de embarque.
è pèrdido mi tar'rhèta dè èmbarkè.

Où est le **comptoir d'enregistrement** ?
¿Dónde se factura (registra) el equipaje?
¿donndè sè faktoura (rrè'rhistra) èl èkipa'rhè?

avion

Pouvez-vous me **conduire** à l'aéroport ?
¿Puede usted llevarme al aeropuerto?
¿pouèdè oustèd yèvarmè al aèropouèrto?

À quelle heure a lieu l'**embarquement** ?...
à quelle porte ?
¿A qué hora se tiene que embarcar?...
en qué puèrta?
¿a kè ora sè tiènè kè èmbarkar?... ènn kè pouèrta?

DERNIER APPEL... **EMBARQUEMENT IMMÉDIAT**.
ULTIMO LLAMADO... EMBARQUE INMEDIATO.
oultimo yamado... èmbarkè innmèdiato.

Dois-je payer un **excédent de bagages** ?
¿Debo pagar exceso de equipaje?
¿dèbo pagar èkçèsso dè èkipa'rhè?

Y a-t-il encore de la **place** sur le vol... ?
¿Hay todavía lugar en el vuelo...?
¿aï todavia lougar ènn èl vouèlo...?

Pouvez-vous changer ma réservation ?
¿Puede usted cambiarme la reserva?
¿pouèdè oustèd kambiarmè la rrèssèrva?

J'ai confirmé ma **réservation** il y a trois jours.
Confirmé mi reserva hace tres días.
konnfirmè mi rrèssèrva açè trèss diass.

Le vol est-il **retardé**... annulé ?
¿El vuelo tiene retraso... está cancelado?
¿èl vouèlo tiènè rrètrasso... èsta kannçèlado?

Je voudrais un **siège** à l'avant... à l'arrière... près d'un hublot... sur l'allée dans la zone « fumeurs »... « non fumeurs ».
Quisiera un asiento adelante... atrás... junto a la ventanilla... junto al pasillo en la zona « fumadores »... « no fumadores ».
kissièra ounn assiènnto adèlanntè... atrass... rhounnto a la vènntaniya... rhounnto al passiyo ènn la çona « foumadorèss »... « no foumadorèss ».

Ai-je le **temps** d'aller changer de l'argent ?
¿Tengo tiempo de ir a cambiar dinero?
¿tènngo tièmpo dè ir a kambiar dinèro?

À quelle heure décolle le prochain **vol** pour... ?
¿A qué hora despega el próximo avión para...?
¿a kè ora dèspèga el proksimo avionn para...?

EN VOL
en vuelo (ènn vouèlo)

Restez **assis** jusqu'à l'arrêt complet de l'appareil.
Se ruega a los pasajeros permanezcan sentados hasta el paro total del avión.
sè rrouèga a loss passa'rhèross pèrmanèçkann sènn-tadoss asta èl paro total dèl avionn.

ATTACHEZ VOS CEINTURES.
ABROCHEN SUS CINTURONES DE SEGURIDAD.
abrotchènn souss çintouronèss dè sègouridad.

Je voudrais quelque chose à **boire**... une couverture.
Quisiera algo para beber... una manta.
kissièra algo para bèbèr... ouna mannta.

Mes **écouteurs** ne fonctionnent pas.
Mis auriculares no funcionan.
miss aourikoularèss no founnçionann.

Ne **fumez** pas pendant le décollage... l'atterrissage.
No fumen durante el despegue... el aterrizaje.
no foumènn douranntè èl dèspèguè... èl atèrriça'rhè.

NE FUMEZ PAS DANS LES TOILETTES.
NO FUMEN EN LOS SERVICIOS.
no foumènn ènn loss sèrviçioss.

Votre **gilet de sauvetage** est sous votre siège.
Su chaleco salvavidas está debajo de su asiento.
sou tchalèko salvavidass èsta dèba'rho dè sou assiènnto.

avion (en vol)

Veuillez retourner à vos **sièges**.
Sírvanse regresar a sus asientos.
sírvannsè rrègrèssar a souss assiènntoss.

Quelle est la **température** au sol ?
¿Qué temperatura hace en tierra?
¿kè tèmpératoura açè ènn tièrra?

Dans combien de **temps** servez-vous le petit déjeuner...
le déjeuner... la collation... le dîner ?
¿Dentro de cuánto tiempo van a servir el desayuno...
el almuerzo... la colación... la cena?
¿dènntro dè kouannto tièmpo vann a sèrvir èl dèssayouno... èl almouèrço... la kolaçionn... la çèna?

Notre **temps de vol** jusqu'à... sera de...
El vuelo hasta... tendrá una duración de...
èl vouèlo asta... tènndra ouna douraçionn dè...

Nous **volons** à une altitude de...
Estamos volando a una altura de...
èstamoss volanndo a ouna altoura dè...

Nous entrons dans une **zone de turbulences**.
Estamos entrando en una zona de turbulencias.
èstamoss ènntranndo ènn ouna çona dè tourboulènnçiass.

VOCABULAIRE

ACCÈS AUX AVIONS	A LOS AVIONES	a loss avionèss
Aéroport	aeropuerto	aèropouèrto
Allée	la ida	ida
Aller	ir	ir
ARRIVÉE	LLEGADA	yégada
Assurances	los seguros	sègouross
Atterrissage	el aterrizaje	atèrriça'rhè
Bagages	el equipaje	èkipa'rhè
– à main	– – de mano	– dè mano
Bar	el bar	bar
Billet	un billete	biyètè
	(AmL : un pasaje)	passa'rhè
Boutiques hors taxe	las tiendas libres de impuesto	tiènndass librèss dè impouèsto
Cabine	la cabina	kabina
Carte d'embarquement	la tarjeta de embarque	tar'rhèta dè èmbarkè
Classe (première)	primera clase	primèra klassè

Français	Espagnol	Prononciation
– (seconde)	segunda –	ségounnda –
– affaires	clase negocios	klassé négoçioss
– touriste	– turista	– tourista
Commandant de bord	el comandante de a bordo	komanndannté dé a bordo
Confirmation	la confirmación	konnfirmaçionn
CONTRÔLE DES PASSEPORTS	CONTROL DE PASAPORTES	konntrol dé passaportèss
Couverture	una manta	mannta
	(Mex : una cobija)	kobi'rha
	(AmL : una frazada)	fraçada
Décollage	el despegue	dèspégué
DÉPART	SALIDA	salida
Descendre	bajar	ba'rhar
DOUANE	ADUANA	adouana
EMBARQUEMENT	EMBARQUE	èmbarkè
Embarquement immédiat	embarque inmediato	èmbarkè innmèdiato
Équipage	la tripulación	tripoulaçionn
Fiche de police	la ficha de policía	fitcha dé poliçia
Fouille de sécurité	un control de seguridad	konntrol dé ségouridad
FUMEURS	FUMADORES	foumadorèss
Gilet de sauvetage	chaleco salvavidas	tchalèko salvavidass
Horaire	el horario	orario
Hôtesse de l'air	la azafata	açafata
	(Mex : la aeromoza)	aéromoça
Hublot	la ventanilla	vènntaniya
IMMIGRATION	INMIGRACIÓN	innmigraçionn
MONTER	SUBIR	soubir
NON FUMEURS	NO FUMADORES	no foumadorèss
Passeport	el pasaporte	passaportè
Porte	la puerta	pouèrta
Réservation	la reserva	rrèssèrva
Retardé	retrasado, atrasado	rrètrassado, atrassado
Sac	el bolso	bolso
SORTIE DE SECOURS	SALIDA DE EMERGENCIA	salida dé èmèr'rhènnçia
Soute	la bodega	bodèga
Supplément	un suplemento	souplèmènnto
TRANSIT	TRANSITO	trannsito
Valise	una maleta	malèta
Visa	el visado	vissado
	(AmL : la visa)	vissa
Vol	el vuelo	vouèlo
– intérieur	– doméstico	domèstiko
– international	– internacional	– inntèrnaçional

avion (en vol)

bateau

BATEAU
barco (barko)

DERNIER APPEL, les passagers sont priés de monter à bord.
ULTIMO LLAMADO, se ruega a los señores pasajeros que suban a bordo.
oultimo yamado, sè rrouèga a loss sègnorèss passa-'rhèross kè soubann a bordo.

Pour quelle heure l'**arrivée** est-elle prévue ?
¿A qué hora está prevista la llegada?
¿a kè ora èsta prèvista la yègada?

Voulez-vous faire porter mes **bagages** dans la cabine numéro... ?
¿Alguien podría llevar mi equipaje a la cabina número...?
¿alguiènn podria yèvar mi èkipa'rhè a la kabina noumèro...?

Mon **bagage est endommagé**.
Mi equipaje está dañado.
mi èkipa'rhè èsta dagnado.

Je voudrais un **billet** simple... aller et retour... première classe... seconde classe.
Quisiera un billete de ida... un ida y vuelta... primera clase... segunda clase.
kissièra ounn biyètè dè ida... ounn ida i vouèlta... primèra klassè... sègounnda klassè.

Où sont les **bureaux** de la compagnie maritime ?
¿Dónde están las oficinas de la compañía marítima?
¿donndè èstann lass ofiçinass dè la kompagnia maritima?

Y a-t-il encore des **cabines** disponibles sur le pont ?
¿Quedan camarotes de cubierta disponibles?
¿kèdann kamarotèss dè koubièrta disponiblèss?

J'aimerais disposer d'une **chaise longue**.
Me gustaría disponer de una tumbona.
me goustaria disponèr dè ouna toumbona.

bateau

À quelle heure a lieu l'**embarquement**... le départ ?
¿A qué hora es el embarque... la salida?
¿a kè ora èss èl èmbarkè... la salida?

Quelle est la durée de l'**escale** ?
¿Cuánto dura la escala?
¿kouannto doura la èskala?

Pouvez-vous m'**indiquer** le bar ?
¿Puede usted indicarme el bar?
¿pouèdè oustèd inndikarmè èl bar?

J'ai le **mal de mer**. Avez-vous un remède ?
Estoy mareado (a). ¿Tiene usted algún remedio?
èstoï marèado (a). ¿tiènè oustèd algounn rrèmèdio?

Pouvez-vous changer ma **réservation** ?
¿Puede usted cambiarme la reserva?
¿pouèdè oustèd kambiarmè la rrèssèrva?

À quelle heure **servez-vous** le petit déjeuner... le déjeu-
ner... le dîner ?
*¿A qué hora sirven el desayuno... el almuerzo...
la cena?*
*¿a kè ora sirvènn èl dèssayouno... èl almouèrço...
la çèna?*

Combien de temps dure la **traversée**... la croisière ?
¿Cuánto tiempo dura la travesía... el crucero?
¿kouannto tièmpo doura la travèssia... èl krouçèro?

VOCABULAIRE

Aller	ir	ir
Annulé	anulado, cancelado	anoulado, kannçèlado
ARRIVÉE	LLEGADA	yègada
Assurances	los seguros	sègouross
Bâbord	babor	babor
Bagages	el equipaje	èkipa'rhè
Bar	el bar	bar
Billet	un billete	biyètè
	(AmL : un pasaje)	passa'rhè
Bouée	el salvavidas	salvavidass
Cabine	un camarote	kamarotè
Cale	la cala	kala
Canot de sauvetage	el bote salvavidas	botè salvavidass
Chaise longue	una tumbona	toumbona
	(AmL : una silla de lona)	siya dè lona

bateau

Commissaire de bord —	el comisario de a bordo	komissario dè a bordo
Confirmation	la confirmación	konnfirmaçionn
Couchette	una litera	litèra
Couverture	una manta	mannta
	(Mex : una cobija) —	kobi'rha
	(AmL : una frazada) —	fraçada
Classe (première)—	primera clase	primèra klassè
– (seconde)	segunda clase	sègounnda klassè
DÉPART	SALIDA	salida
DESCENDRE	BAJAR	ba'rhar
DOUANE	ADUANA	adouana
Embarcadère	el embarcadero	èmbarkadèro
EMBARQUEMENT	EMBARQUE	èmbarkè
Équipage	la tripulación	tripoulaçionn
Escale	una escala	èskala
Excursion	una excursión	èkskoursionn
Fiche de police	la ficha de policía	fitcha dè poliçia
Fouille de sécurité	un control de seguridad	konntrol dè sègouridad
FUMEURS	FUMADORES	foumadorèss
Gilet de sauvetage	el chaleco salvavidas —	tchalèko salvavidass
Horaire	el horario	orario
Hublot	la ventanilla	vènntaniya
IMMIGRATION	INMIGRACIÓN	innmigraçionn
Jetée	el malecón	malèkonn
MÉDECIN DU BORD —	MÉDICO DE A BORDO	mèdiko dè a bordo
MONTER	SUBIR	soubir
Nœud	un nudo	noudo
NON FUMEURS	NO FUMADORES	no foumadorèss
Passeport	el pasaporte	passaportè
Passerelle	la pasarela	passarèla
Pont	la cubierta	koubièrta
Porteur	el mozo	moço
	(AmL : el maletero) —	malètèro
Poupe	la popa	popa
Proue	la proa	proa
Quai	el muelle	mouèyè
Réservation	la reserva	rrèssèrva
Retard	un retraso, atraso —	rrètrasso, atrasso
Sac	un bolso	bolso
Supplément	un suplemento	souplèmènnto
Toilettes	los servicios	sèrviçioss
	(AmL : el baño,	bagno, ouatèr
	el water)	
Tribord	estribor	èstribor
Valise	una maleta	malèta
Visa	el visado	vissado
	(AmL : la visa)	vissa

CIRCULATION
circulación (çirkoulaçionn)

circulation

Comment peut-on **aller** à... ?
¿Cómo se puede ir a...?
¿komo sè pouèdè ir a...?

Il faut faire **demi-tour**.
Hay que dar media vuelta.
aï kè dar mèdia vouèlta.

À quelle **distance** sommes-nous de... ?
¿A qué distancia estamos de...?
¿a kè distannçia èstamoss dè...?

C'est tout **droit**.
Es todo derecho.
èss todo dèrètcho.

Voulez-vous m'**indiquer** sur la carte... sur le plan ?
¿Puede usted indicarme en el mapa... en el plano?
¿pouèdè oustèd inndikarmè ènn èl mapa... ènn èl plano?

Est-ce **loin** d'ici ?
¿Está lejos de aquí?
¿èsta lè'rhoss dè aki?

Où suis-je ?
¿Dónde estoy?
¿donndè èstoï?

Où y a-t-il un garage... un hôpital... un hôtel...
un restaurant... dans les environs ?
¿Dónde hay un garaje... un hospital... un hotel...
un restaurante... en los alrededores?
¿donndè aï ounn gara'rhè... ounn ospital... ounn
otèl... ounn rrèstaouranntè... ènn loss alrrèdè-
dorèss?

Où puis-je **stationner** ?
¿Dónde puedo aparcar?
¿donndè pouèdo aparkar?

circulation

Tournez à droite... à gauche.
Doble a la derecha... a la izquierda.
doblé a la dèrètcha... a la içkièrda.

VOCABULAIRE

À côté	al lado, junto a	al lado, rhounnto a
À droite	a la derecha	a la dèrètcha
À gauche	a la izquierda	a la içkièrda
Avenue	una avenida	avènida
Banlieue	la periferie, las afueras	pèrifèriè, afouèrass
Boulevard	un bulevar	boulèvar
	(*Pér* : un jirón)	rhironn
Carrefour	un cruce	krouçè
Chemin	un camino	kamino
Demi-tour	media vuelta	mèdia vouèlta
Derrière	atrás	atrass
Descente	una bajada	ba'rhada
Devant	adelante	adèlanntè
Direction	la dirección	dirèkçionn
En face	al frente	al frènntè
Environs	los alrededores	alrrèdèdorèss
Montée	una subida	soubida
Parc	un parque	parkè
Place	una plaza	plaça
Pont	un puente	pouènntè
Route	una carretera	karrètèra
Rue	una calle	kayè
Sens interdit	dirección prohibida	dirèkçionn proïbida
Sous	debajo	dèba'rho
Sur	encima	ènnçima
Tournant	una curva	kourva
Tout droit	todo derecho	todo dèrètcho

PANNEAUX ROUTIERS
señales de circulaciós (ègnalèss dè çirkoulaçionn)

ADUANA	DOUANE
ALTURA MÁXIMA :... M	HAUTEUR LIMITÉE À... M
APARCAMIENTO (PARKING) REGLAMENTADO	PARKING PAYANT
ARCÉN EN MAL ESTADO	ACCOTEMENTS NON STABILISÉS
(*AmL :* BERMAS EN MAL ESTADO)	
AUTOPISTA	AUTOROUTE
BACHES, HOYOS	TROUS, NIDS-DE-POULE
BARRERAS AUTOMÁTICAS	BARRIÈRES AUTOMATIQUES
CALZADA DEFORMADA	CHAUSSÉE DÉFORMÉE
CALZADA RESBALADIZA	CHAUSSÉE GLISSANTE
CARRETERA COMARCAL	ROUTE DÉPARTEMENTALE
(*AmL :* CARRETERA PROVINCIAL)	
CARRETERA CORTADA	ROUTE BARRÉE
CARRETERA EN MAL ESTADO	ROUTE EN MAUVAIS ÉTAT
CARRETERA INUNDADA	ROUTE INONDÉE
CARRETERA NACIONAL	ROUTE NATIONALE
CENTRO	CENTRE VILLE
CIRCULACIÓN EN DOS FILAS	CIRCULEZ SUR DEUX FILES
CIRCULACIÓN EN UNA SOLA FILA	CIRCULEZ SUR UNE FILE
CRUCE PELIGROSO	CROISEMENT DANGEREUX
CURVAS	COURBES
CURVAS EN... KM	VIRAGES SUR... KM
DERRUMBAMIENTOS	CHUTE DE PIERRES
DERRUMBES	ÉBOULEMENTS
DESPACIO	RALENTIR
DESVIACIÓN, DESVÍO	DÉVIATION
DIRECCIÓN ÚNICA	SENS UNIQUE
(*AmL :* SENTIDO ÚNICO)	
ESCUELA	ÉCOLE
ESTACIONAMIENTO ALTERNO	STATIONNEMENT ALTERNÉ
ESTACIONAMIENTO PROHIBIDO	STATIONNEMENT INTERDIT
FRONTERA	FRONTIÈRE
HIELO	VERGLAS
HOSPITAL	HÔPITAL
NIEBLA	BROUILLARD
NIEVE	NEIGE
PASO A NIVEL	PASSAGE À NIVEAU

circulation (panneaux routiers)

circulation (panneaux routiers)

PASO PEATONAL	PASSAGE PIÉTONS
PEAJE A... KM	PÉAGE À... KM
PELIGRO	DANGER
PENDIENTE... %	PENTE À... %
PERIFÉRICO	PÉRIPHÉRIQUE
POLICÍA	POLICE
PRIORIDAD A LA DERECHA	PRIORITÉ À DROITE
PRIORIDAD A LA IZQUIERDA	PRIORITÉ À GAUCHE
PUENTE	PONT
PUERTO ABIERTO	COL OUVERT
(*AmL :* PASO ABIERTO)	
PUERTO CERRADO	COL FERMÉ
(*AmL :* PASO CERRADO)	
RECUERDE	RAPPEL
SALIDA DE VEHÍCULOS	SORTIE DE VÉHICULES
SEMÁFORO	FEUX DE CIRCULATION
SE PROHIBEN LAS CARAVANAS	INTERDIT AUX CARAVANES
SIN SALIDA	(VOIE) SANS ISSUE
TRABAJOS, OBRAS	TRAVAUX
VELOCIDAD LIMITADA	VITESSE LIMITÉE

DOUANE / IMMIGRATION
aduana (adouana)
inmigración (innmigraçionn)

Je n'ai que des **affaires personnelles**.
Sólo tengo objetos personales.
solo tènngo ob'rhètoss pèrsonalèss.

Ce **bagage** n'est pas à moi.
Este equipaje no es mío.
èstè èkipa'rhè no èss mio.

Il y a seulement quelques **cadeaux**.
Hay solamente algunos regalos.
aï solamènntè algounoss rrègaloss.

Excusez-moi, je ne **comprends** pas.
Discúlpeme pero no entiendo.
diskoulpèmè pèro no ènntiènndo.

Je n'ai rien à **déclarer**.
No tengo nada que declarar.
No tènngo nada kè dèklarar.

J'ai oublié les papiers de **dédouanement** de mon appareil.
He olvidado los certificados aduaneros de mi cámara.
è olvidado loss çèrtifikadoss adouanèross dè
  mi kamara.

Pourriez-vous m'aider à remplir le **formulaire** ?
¿Podría usted ayudarme a llenar el formulario?
¿podria oustèd ayoudarmè a yènar èl formoulario?

Où logerez-vous ?
¿Dónde va a alojarse?
¿donndè va a alo'rharsè?

Ouvrez le coffre... la valise... le sac.
Abra el portaequipajes... la maleta... el bolso.
abra èl portaèkipa'rhèss... la malèta... èl bolso.

douane, immigration

Voici les **papiers** de la voiture.
Aquí tiene los documentos del coche.
aki tiènè loss dokoumènntoss dèl kotchè.

Puis-je **partir ?**
¿Puedo irme?
¿pouèdo irmè?

Vous devez **payer** des droits sur cela.
Usted debe pagar derechos por ésto.
oustèd dèbè pagar dèrètchoss por èsto.

Je **reste** jusqu'à...
Me quedo hasta...
mè kèdo asta...

Je suis **touriste.**
Soy turista.
soï tourista.

Je suis en **transit**, je vais à...
Estoy de paso, voy a...
èstoï dè passo, voï a...

Je **viens** de...
Vengo de...
vènngo dè...

Je **voyage pour affaires.**
Viajo por negocios.
via'rho por nègoçioss.

VOCABULAIRE

Adresse	la dirección	dirèkçionn
Alcool	el alcohol	alkol
Carte grise	los documentos del coche	dokoumènntoss dèl kotchè
Cartouche	un cartón de cigarrillos	kartonn dè çigarriyoss
Certificat d'assurances	el certificado de seguros	çèrtifikado dè sègouross
– de vaccination	– – de vacunación	– – dè vakounaçionn
Choléra	el cólera	kolèra
Cigarettes	los cigarrillos	çigarriyoss
CONTRÔLE DES PASSEPORTS	CONTROL DE PASAPORTES	konntrol dè passaportèss
Date de naissance	la fecha de nacimiento	fètcha dè naçimiènnto
Domicile	el domicilio	domiçilio

DOUANE	ADUANA	adouana
Droits de douane	los derechos de aduana	dérètchoss dè adouana
Fièvre jaune	la fiebre amarilla	fièbrè amariya
Lieu de naissance	el lugar de nacimiento	lougar dè naçimiènnto
Marié(e)	casado (a)	kassado (a)
Nom de jeune fille	el apellido de soltera	apéyido dè soltèra
Parfum	el perfume	pèrfoumè
Passeport	el pasaporte	passaportè
Permis de conduire	el carné (permiso, la licencia) de conducir	karnè, pérmisso, liçènnçia dè konndouçir
	(AmL : el carné de mannejar)	– dè manè'rhar
Pièces d'identité	los documentos, el carné de identidad	dokoumènntoss, karnè dè idènntidad
	(AmL : la cédula de identidad)	çèdoula dè...
Plaque d'immatriculation	la matrícula (AmL : la patente)	matrikoula patènntè
Profession	la profesión	proféssionn
Retraité	jubilado	rhoubilado
Sexe	sexo	sèkso
Soumis aux droits de douane	sujeto a derechos de aduana	sou'rhèto a dèrètchoss dè adouana
Souvenir	un souvenir, recuerdo	souvènir, rrèkouèrdo
Tabac	el tabaco	tabako
Variole	la viruela	virouèla
Vin	el vino	vino

douane, immigration

MÉTRO
metro (mètro)

Où se trouve la station la plus proche ?
¿Dónde se encuentra la estación más cercana?
¿donndè sè ènnkouènntra la èstaçionn mass çèrkana?

Je voudrais un **ticket**... un carnet de tickets... un (des) jeton(s).
Quisiera un billete... un taco de billetes... una(s) ficha(s).
kissièra ounn biyètè... ounn tako dè biyètèss... ouna(ss) fitcha(ss).

Y a-t-il un changement ?
¿Hay que hacer algún cambio?
¿aï kè açèr algounn kambio?

Quelle **direction** dois-je prendre pour aller à... ?
¿Qué dirección debo tomar para ir a...?
¿kè dirèkçionn dèbo tomar para ir a...?

À quelle **heure** ferme le métro ?
¿A qué hora cierra el metro?
¿a kè ora çièrra èl mètro?

Quelle **ligne** dois-je prendre pour aller à... ?
¿Qué línea debo tomar para ir a...?
¿kè linèa dèbo tomar para ir a...?

Pouvez-vous me donner un **plan** de métro ?
¿Puede usted darme un plano del metro?
¿pouèdè oustèd darmè ounn plano dèl mètro?

Cette **rame** va bien à... ?
Este metro va a... ¿verdad?
èstè mètro va a... ¿vèrdad?

Combien de **stations** avant... ?
¿Cuántas estaciones antes de...?
¿kouanntass èstaçionèss anntèss dè...?

métro

VOCABULAIRE

ACCÈS AUX QUAIS	A LOS ANDENES	a loss anndénèss
Banlieue	la periferie, las afueras	périfèriè, afouèrass
Carnet de tickets	un taco de billetes	tako dè biyétèss
	(*AmL* : un abono)	abono
Contrôleur	el revisor	rrévissor
	(*AmL* : el inspector)	innspéktor
CORRESPONDANCE	CAMBIO, CONEXIÓN	kambio, konéksionn
Descendre	bajar	ba'rhar
Direction	la dirección	dirékçionn
Distributeur	un distribuidor	distribouidor
ENTRÉE	ENTRADA	énntrada
Escalier	la escalera	éskalèra
ESCALIER MÉCANIQUE	ESCALERA MECÁNICA	éskalèra mèkanika
Express	el expreso	éksprèsso
Fermeture	el cierre	çièrrè
INFORMATIONS	INFORMACIONES	innformaçionèss
Jetons	las fichas	fitchass
Ligne	una línea	linèa
Métro	el metro	mètro
	(*Arg* : el subte)	soubtè
Monter	subir	soubir
Omnibus	un ómnibus	omnibouss
Ouverture	la abertura	abèrtoura
Plan	un plano	plano
Portes	las puertas	pouértass
Rame	un tren	trènn
Signal d'alarme	la alarma	alarma
SORTIE	SALIDA	salida
Station	la estación	éstaçionn
Terminus	el terminal	tèrminal
Ticket	un billete	biyétè
	(*AmL* : un boleto, ticket)	bolèto, tikèt
Voie	la vía	via

taxi

TAXI
taxi (taksi)

Où est la station de taxis la plus proche ?
¿Dónde está la parada de taxis más cercana?
¿donndè èsta la parada dè taksiss mass çèrkana?

Pouvez-vous appeler un taxi ?
¿Puede usted llamar un taxi?
¿pouèdè oustèd yamar ounn taksi?

Êtes-vous libre ?
¿Está libre?
¿èsta librè?

Arrêtez-moi ici, s'il vous plaît.
Déjeme aquí, por favor.
dè'rhèmè aki, por favor.

Pouvez-vous m'attendre ?
¿Puede usted esperarme?
¿pouèdè oustèd èspèrarmè?

Combien prenez-vous pour aller à... ?
¿Cuánto cobra usted para ir a...?
¿kouannto kobra oustèd para ir a...?

Combien vous dois-je ?
¿Cuánto le debo?
¿kouannto lè dèbo?

Je suis pressé.
Tengo prisa.
tènngo prissa.

Je suis en retard.
Estoy atrasado.
èstoï atrassado.

Je voudrais faire un tour dans la ville.
Quisiera dar una vuelta por la ciudad.
kissièra dar ouna vouèlta por la çioudad.

VOCABULAIRE

Bagage	el equipaje	ékipa'rhé
Compteur	el taxímetro	taksimétro
LIBRE	LIBRE	libré
Pourboire	la propina	propina
Prix	el precio	préçio
STATION DE TAXIS	PARADA DE TAXIS	parada dé taksiss
Supplément	un suplemento	souplémènnto
Tarif de nuit	la tarifa nocturna	tarifa noktourna

taxi

train

TRAIN
tren (trènn)

S'il vous plaît, où se trouve la gare ?
Por favor, ¿dónde está la estación?
por favor, ¿donndè èsta la èstaçionn?

À quelle heure arrive le train venant de... ?
¿A qué hora llega el tren que viene de...?
¿a kè ora yèga èl trènn kè viènè dè...?

Je voudrais enregistrer les bagages.
Quisiera facturar (registrar) el equipaje.
kissièra faktourar (rrè'rhistrar) èl èkipa'rhè.

Je voudrais un billet aller simple... aller-retour...
première classe... seconde classe.
Quisiera un billete de ida... ida y vuelta... en primera
clase... en segunda clase.
kissièra ounn biyètè dè ida... ida i vouèlta... ènn
primèra klassè... ènn sègounnda klassè.

Dois-je changer de train ?
¿Tengo que hacer transbordo?
¿tènngo kè açèr trannsbordo?

Où se trouve la consigne ?
¿Dónde está la consigna?
¿donndè èsta la konnsig-na?

Y a-t-il des couchettes ?
¿Hay literas?
¿aï litèrass?

Combien coûte l'aller simple ?
¿Cuánto vale la ida?
¿kouannto valè la ida?

Puis-je fumer ?
¿Puedo fumar?
¿pouèdo foumar?

Cette place est-elle libre ?
¿Está libre este asiento?
¿èsta librè èstè assiènnto?

train

Quel est le **montant** du supplément ?
¿Cuánto vale el suplemento?
¿kouannto valè èl souplèmènnto?

À quelle heure **part** le train pour... ?
¿A qué hora sale el tren para...?
¿a kè ora salè èl trènn para...?

Excusez-moi, cette **place** est réservée.
Perdone, este asiento está reservado.
pèrdonè, èstè assiènnto èsta rrèssèrvado.

Veuillez m'indiquer le **quai**... la voie.
¿Puede usted indicarme el andén... la vía?
¿pouèdè oustèd inndikarmè èl anndènn... la via?

Y a-t-il une **réduction** pour les enfants ?
¿Hay alguna rebaja para los niños?
¿aï algouna rrèba'rha para loss nignoss?

Je désire **réserver** une place côté couloir... côté fenêtre.
Deseo reservar un asiento junto al pasillo... a la ventanilla.
dèssèo rrèssèrvar ounn assiènnto rhounnto al passiyo... a la vènntaniya.

Le train a du **retard**.
El tren tiene retraso.
èl trènn tiènè rrètrasso.

Pouvez-vous me **réveiller**... me prévenir ?
¿Puede usted despertarme... avisarme?
¿pouèdè oustèd dèspèrtarmè... avissarmè?

Où sont les **toilettes** ?
¿Dónde están los servicios?
¿donndè èstann loss sèrviçioss?

Pouvez-vous m'aider à monter ma **valise** ?
¿Puede usted ayudarme a subir la maleta?
¿pouèdè oustèd ayoudarmè a soubir la malèta?

Y a-t-il un **wagon-restaurant**... un **wagon-lit** ?
¿Hay un coche restaurante... un coche cama?
¿aï ounn kotchè rrèstaouranntè... ounn kotchè kama?

train

VOCABULAIRE

Français	Espagnol	Prononciation
Aller	ir	ir
ARRIVÉE	LLEGADA	yègada
Bagages	el equipaje	èkipa'rhè
Billet	un billete	biyètè
	(*AmL :* un boleto)	bolèto
– aller simple	– – de ida	– dè ida
– aller et retour	– – ida y vuelta	– ida i vouèlta
– première classe	– – en primera clase	– ènn primèra klassè
– seconde classe	– – en segunda clase	– ènn sègounnda klassè
BUFFET	BUFFET, RESTAURANTE	boufè, rrèstaouranntè
Changement	un transbordo	trannsbordo
Chariot à bagages	un carrito de equipaje	karrito dè èkipa'rhè
CHEF DE GARE	JEFE DE ESTACIÓN	rhèfè dè èstaçionn
Coin couloir	junto al pasillo	rhounnto al passiyo
– fenêtre	– a la ventanilla	– a la vènntaniya
Compartiment	un departamento	dèpartamènnto
CONSIGNE	CONSIGNA	konnsig-na
CONTRÔLEUR	REVISOR	rrèvissor
	(*AmL :* INSPECTOR)	innspèktor
Correspondance	un transbordo	trannsbordo
Couchette	una litera	litèra
Couloir	el pasillo	passiyo
DÉPART	SALIDA	salida
Escalier (mécanique)	la escalera (mecánica)	èskalèra mèkanika
EXPÉDITION	DESPACHO	dèspatcho
FUMEURS / NON FUMEURS	FUMADORES / NO FUMADORES	foumadorèss / no foumadorèss
Gare	la estación	èstaçionn
GUICHET	VENTANILLA	vènntaniya
Indicateur	el indicador	inndikador
PASSAGE SOUTERRAIN	PASAJE SUBTERRÁNEO	passa'rhè soubtèrranèo
Place assise	un asiento	assiènnto
Portes	las puertas	pouèrtass
PORTEUR	MOZO DE ESTACIÓN	moço dè èstaçionn
	(*AmL :* MALETERO)	malètèro
QUAI	ANDÉN	anndènn
RÉSERVATIONS	RESERVAS	rrèssèrvass
Retard	un retraso	rrètrasso
SALLE D'ATTENTE	SALA DE ESPERA	sala dè èspèra
SORTIE	SALIDA	salida
Supplément	un suplemento	souplèmènnto
Valise	una maleta	malèta
VOIE	VÍA	via
Wagon-lit	Coche cama	kotchè kama
– restaurant	Coche restaurante	kotchè rrèstaouranntè
	(*AmL :* Coche comedor)	kotchè komèdor

VOITURE / MOTO
coche (kotché) / *moto* (moto)

voiture, moto

Donnez-moi 10... 20 litres d'essence... d'ordinaire...
de super... de gasoil.
> *Deme diez... veinte litros de gasolina... corriente...*
> *super... de gasóleo.*
> *dèmè dièç... vèinntè litross dè gassolina...*
> *korriènntè... soupèr... dè gassolèo.*

Faites le plein, s'il vous plaît.
> *Lleno, por favor.*
> *yèno, por favor.*

Il faudrait mettre de l'eau distillée dans la **batterie.**
> *Habría que poner agua destilada en la batería.*
> *abria kè ponèr agoua dèstilada ènn la batèria.*

Pouvez-vous **changer** le pneu ?
> *¿Puede usted cambiar el neumático?*
> *¿pouèdè oustèd kambiar èl nèoumatiko?*

Combien cela va-t-il **coûter** ?
> *¿Cuánto va a costar ésto?*
> *¿kouannto va a kostar èsto?*

Combien coûte le **lavage** ?
> *¿Cuánto vale el lavado?*
> *¿kouannto valè èl lavado?*

Pouvez-vous **nettoyer** le pare-brise ?
> *¿Puede usted limpiar el parabrisas?*
> *¿pouèdè oustèd limpiar èl parabrissass?*

Pouvez-vous **régler** les phares ?
> *¿Puede usted ajustar las luces?*
> *¿pouèdè oustèd a'rhoustar lass louçèss?*

Pouvez-vous **vérifier** l'eau... l'huile... la pression
des pneus ?
> *¿Puede usted controlar el agua... el aceite...*
> *la presión de los neumáticos?*
> *¿pouèdè oustèd konntrolar èl agoua... èl açèitè...*
> *la prèssionn dè loss nèoumatikoss?*

VOCABULAIRE

voiture, moto

Français	Espagnol	Prononciation
Accélérateur	el acelerador	açélérador
Accélérer	acelerar	açélérar
Aider	ayudar	ayoudar
Aile	una aleta	aléta
Allumage	el encendido	ènnçènndido
Allumer	encender	ènnçènndèr
Ampoule	una bombilla, un foco	bombiya, foko
Antigel	el antigel	annti'rhèl
Antivol	el antirrobo	anntirrobo
Arrière	trasero	trassèro
Avant	delantero	délanntèro
Avertisseur	la bocina	boçina
Bas	de abajo	aba'rho
Batterie	la batería	batèria
Bloqué	bloqueado	blokèado
Bobine d'allumage	la bobina de encendido	bobina dè ènnçènndido
Boîte de direction	la caja de dirección	ka'rha dè dirèkçionn
– de vitesses	– – de cambios	– dè kambioss
Bouchon	un tapón	taponn
Bougie	una bujía	bou'rhia
Boulon	un perno	pèrno
Bruit	un ruido	rrouido
Câble	un cable	kablè
– (frein à main)	el – del freno de mano	– dèl frèno dè mano
Capot	el capó	kapo
Carburateur	el carburador	karbourador
Carrosserie	la carrocería	karroçèria
Carter	el cárter	kartèr
Cassé	roto, quebrado	rroto, kèbrado
Ceinture de sécurité	el cinturón de seguridad	çinnttouronn dè sègouridad
Chaînes	las cadenas	kadènass
Changer	cambiar	kambiar
Châssis	el chasis	tchassiss
Chauffage	la calefacción	kalèfakçionn
Circuit électrique	el sistema eléctrico	sistèma èlèktriko
Clef	la llave	yavè
– de contact	– de contacto	– dè konntakto
Clignotant	el intermitente	inntèrmitènntè
Codes	las luces bajas	louçèss ba'rhass
Coffre	el portaequipajes	portaèkipa'rhèss
Commande	un mando	manndo
Compte-tours	el cuentarrevoluciones	kouènntarrèvolouçionèss
Compteur de vitesse	el velocímetro	vèloçimètro

Condensateur	el condensador	konndènnsador
Contact	el contacto	konntakto
Couler une bielle	fundir una biela	founndir ouna bièla
Courroie de ventilateur	la correa del ventilador	korrèa dèl vènntilador
Court-circuit	un cortocircuito	kortoçirkouito
Crevaison	un neumático reventado	nèoumatiko rrèvènntado
Cric	el gato	gato
Culasse	la culata	koulata
Débranché	desenchufado	dèssènntchoufado
Débrayer	desembragar	dèssèmbragar
Défectueux	defectuoso	dèfèktouosso
Déformé	deformado	dèformado
Dégivrer	desescarchar	dèsséskartchar
Démarrer	arrancar	arrannkar
Démarreur	el arranque	arrannkè
Desserré	suelto	souèlto
Dévisser	destornillar	dèstorniyar
Direction	la dirección	dirèkçionn
Dynamo	el dinamo	dinamo
Éclairage	las luces	louçèss
Écrou	una tuerca	touèrka
Embrayage	el embrague	èmbraguè
Embrayer	embragar	èmbragar
Essence	la gasolina	gassolina
	(AmL : bencina, nafta)	bènnçina, nafta
Essieu	el eje	è'rhè
Essuie-glace	el limpiacristales	limpiakristalèss
	(AmL : el limpiaparabrisas)	limpiaparabrissass
Fermé	cerrado	çèrrado
Feux arrière	luces traseras	louçèss trassèrass
– de position	– piloto	– piloto
– de détresse	el intermitente de emergencia	inntèrmitènntè dè èmèr'rhènnçia
– de stop	– de parada, de freno	– dè parada, dè frèno
Fil	un alambre	alambrè
Filtre	un filtro	filtro
– à air	– – de aire	– dè aïrè
– à essence	– – de gasolina	– dè gassolina
– à huile	– – de aceite	– açèïtè
Frein	el freno	frèno
– à disque	– – de disco	– dè disko
– à main	– – de mano	– dè mano
Garniture de frein	el forro de freno	forro dè frèno
Glace	el vidrio	vidrio
Jante	la yanta	yannta

voiture, moto

voiture, moto

Jauge (niveau)	la varilla indicadora	variya inndikadora
Joint de culasse	una junta de culata	rhounnta dè koulata
– d'étanchéité	el retén	rrètènn
Lavage	el lavado	lavado
Lave-glace	un lavavidrios	lavavidrioss
Lent	lento	lènnto
Liquide de freins	el líquido de frenos	likido dè frènoss
Lubrifiant	un lubrificante	loubrifikanntè
Mécanicien	un mecánico	mèkaniko
Moteur	un motor	motor
MOTO	UNA MOTO	moto
Béquille	el soporte	soportè
Cardan	el cardán	kardann
Chaîne	la cadena	kadèna
Fourche avant	la horquilla delantera	orkiya dèlanntèra
– arrière	– – trasera	– trassèra
Garde-boue	el guardabarros	gouardabarross
	(AmL : tababarros)	tapabarross
Guidon	la guía	guia
	(AmL : el manubrio)	manoubrio
Poignée	el puño	pougno
– des gaz	– – de gases	– dè gassèss
Rayon	un rayo	rrayo
Repose-pieds	el descansapies	dèskannsapièss
Selle	el sillín	siyinn
	(AmL : el asiento)	assiènnto
Nettoyer	limpiar	limpiar
Ouvert	abierto	abièrto
Pare-brise	el parabrisas	parabrissass
Pare-chocs	el parachoques	paratchokèss
Pédale	un pedal	pèdal
Phares	los faros	faross
– anti-brouillard	– – anti niebla	– annti nièbla
– de recul	las luces de marcha atrás	louçèss dè martcha atrass
Pièce de rechange	un recambio, repuesto	rrèkambio, rrèpouèsto
Pinces	un alicate	alikatè
Plaque d'immatriculation	la matrícula	matrikoula
Pneu	un neumático	nèoumatiko
Pneu neige	– – para nieve	– para nièvè
Pompe	la bomba	bomba
– à eau	– – de agua	– dè agoua
– à essence	– – de gasolina	– dè gassolina
– à huile	– – de aceite	– dè açèitè
– d'injection	– – de inyección	– dè innyèkçionn

Pot d'échappement	el silenciador	silènnçiador
Pousser	empujar	èmpou'rhar
Pression des pneus	la presión de los neumáticos	prèssionn dè loss nèoumatikoss
Radiateur	el radiador	rradiador
Ralenti	el ralentí	rralènnti
Recharger	recargar, cargar	rrèkargar, kargar
Refroidissement	la refrigeración	rrèfri'rhèraçionn
Réglage du parallélisme	ajuste del paralelismo	a'rhoustè dèl paralèlismo
Régler	regular, ajustar	rrègoular, a'rhoustar
Remorque	un remolque	rrèmolkè
Remplacer	reemplazar	rrèèmplaçar
Réparation	un arreglo	arrèglo
Réservoir d'essence	el tanque	tannkè
Rétroviseur extérieur	el retrovisor exterior	rrètrovissor èkstèrior
– intérieur	– – interior	– inntèrior
Roue	la rueda	rrouèda
– de secours	– – de repuesto	– dè rrèpouèsto
Rouillé	enmohecido	ènnmoèçido
Serrer	apretar	aprètar
Serrure	una cerradura	çèrradoura
Siège	un asiento	assiènnto
Soupape	una sopapa	sopapa
Suspension	la suspensión	souspènnsionn
Système électrique	el sistema eléctrico	sistèma èlèktriko
Tambour de frein	el tambor de frenos	tambor dè frènoss
Thermostat	el termostato	tèrmostato
Tirer	tirar, jalar	tirar, rhalar
Tournevis	un destornillador	dèstorniyador
Transmission	la transmisión	trannsmissionn
– automatique	– – automática	– aoutomatika
Triangle de signalisation	el triángulo de señalización	trianngoulo dè sègnaliçaçionn
Usé	gastado	gastado
Ventilateur	el ventilador	vènntilador
Vibrer	vibrar	vibrar
Vilebrequin	el cigüeñal	çigouègnal
Vis	un tornillo	torniyo
Vitesse	la velocidad	vèloçidad
Volant	el volante	volanntè

voiture, moto

LOGEMENT / RESTAURATION

CAMPING
camping (kamping)

Où y a-t-il un terrain de camping ?
¿Dónde hay un camping?
¿donndè aï ounn kamping?

Comment y parvenir ?
¿Cómo se llega allí?
¿komo sè yèga ayi?

Pouvez-vous me montrer le chemin sur la carte ?
¿Puede usted mostrarme el camino en el mapa?
¿pouèdè oustèd mostrarmè èl kamino ènn èl mapa?

Où puis-je acheter une bouteille de gaz... une torche ?
¿Dónde puedo comprar una botella de gas... una linterna?
¿donndè pouèdo komprar ouna botèya dè gass... ouna linntèrna?

Où puis-je dresser la tente ?
¿Dónde puedo montar la tienda?
¿donndè pouèdo monntar la tiènnda?

Où se trouve le poste d'eau potable ?
¿Dónde se encuentra el grifo de agua potable?
¿donndè sè ènnkouènntra èl grifo dè agoua potablè?

Où puis-je garer la caravane ?
¿Dónde puedo aparcar la caravana?
¿donndè pouèdo aparkar la karavana?

Y a-t-il un magasin d'alimentation ?
¿Hay alguna tienda de comestibles?
¿aï algouna tiènnda dè komèstiblèss?

Avez-vous de la place ?
¿Tiene usted lugar?
¿tiènè oustèd lougar?

Quel est le **prix** par jour et par personne... pour
la voiture... la caravane... la tente ?
  ¿Cuál es el precio por día por persona... por
    coche... por caravana... por tienda?
  ¿koual èss èl prèçio por dia por pèrsona...
    por kotchè... por karavana... por tiènnda?

Comment se fait le **raccord au réseau électrique** ?
  ¿Cómo se hace la conexión eléctrica?
  ¿komo sè açè la konèksionn èlèktrika?

Nous désirons **rester**... jours... semaines.
  Quisiéramos quedarnos... días... semanas.
  kissièramoss kèdarnoss... diass... sèmanass.

Le camping est-il **surveillé** la nuit ?
  ¿Hay alguna vigilancia por la noche?
  ¿aï algouna vi'rhilannçia por la notchè?

Où sont les **toilettes**... les douches... les lavabos...
les poubelles ?
  ¿Dónde están los servicios... las duchas... los lavabos...
    el basurero?
  ¿donndè èstann loss sèrviçioss... lass doutchass...
    loss lavaboss... èl bassourèro?

Quel est le **voltage** ?
  ¿Cuál es el voltaje?
  ¿koual èss èl volta'rhè?

VOCABULAIRE

Alcool à brûler	alcohol de quemar	alkol dè kèmar
Allumettes	cerillas	çèriyass
	(*AmL* : cerillos, fósforos)	çèriyoss, fosfoross
Ampoule	una bombilla	bombiya
	(*AmL* : una ampolleta)	ampoyèta
Assiette	un plato	plato
Bidon	un bidón	bidonn
Bougie (cire)	una vela	vèla
Branchement	la conexión	konèksionn
Briquet	un mechero,	métchèro,
	encendedor	ènnçènndèdor
Buanderie	la lavandería,	lavanndèria,
	el lavadero	lavadèro

camping

CAMPING INTERDIT	PROHIBIDO HACER CAMPING	proïbido açèr kamping
Caravane	una caravana, roulotte	karavana, rroulot
Casserole	una cacerola	kaçèrola
	(AmL : una olla)	oya
Catégorie	la categoría	katègoria
Chaise	una silla	siya
Chaise longue	una tumbona	toumbona
	(AmL : una silla de lona)	siya dè lona
Chauffage	la calefacción	kalèfakçionn
Corde	una cuerda	kouèrda
	(AmL : una soga)	soga
Couteau	un cuchillo	koutchiyo
Couverts	unos cubiertos	koubièrtoss
Couverture	una manta	mannta
	(Mex : una cobija)	kobi'rha
	(AmL : una frazada)	fraçada
Cuiller	una cuchara	koutchara
Décapsuleur	un destapador	dèstapador
Douche	la ducha	doutcha
Draps	las sábanas	sabanass
Eau potable	el agua potable	agoua potablè
– chaude	– – caliente	– kaliènntè
– froide	– – fría	– fria
Emplacement	un sitio	sitio
Enregistrement	la inscripción	innskripçionn
Fourchette	un tenedor	tènèdor
Gardien	el guardia	gouardia
Gaz en bouteille	gas en botella	gass ènn botèya
Gobelet	un vaso	vasso
Gourde	una cantimplora	kanntimplora
Lampe de poche	una linterna	linntèrna
– tempête	– – a prueba de viento	– a prouèba dè viènnto
Lave-linge	una lavadora	lavadora
Linge	la ropa	rropa
Lit de camp	una cama de campaña	kama dè kampagna
Louer	alquilar, arrendar	alkilar, arrènndar
Marteau	un martillo	martiyo
Mât de tente	un mástil	mastil
Matelas	un colchón	koltchonn
– pneumatique	– – inflable	– innflablè
Matériel de camping	material de camping	matèrial dè kamping
Moustiquaire	un mosquitero	moskitèro
Ouvre-boîtes	un abrelatas	abrèlatass
Papier hygiénique	papel higiénico	papèl i'rhièniko
Pince	un alicate	alikatè
– à linge	un alfiler de la ropa	alfilèr dè la rropa

camping

Français	Espagnol	Prononciation
Piquet de tente	una estaca	èstaka
Piscine	la piscina	piçina
	(Arg : la pileta)	pilèta
Poubelle	el basurero	bassourèro
Prise de courant	el enchufe	ènntchoufè
Réchaud	una cocinilla	koçiniya
	(AmL : un anafe)	anafé
Réfrigérateur	una nevera	névèra
	(AmL : un refrigerador)	rrèfri'rhèrador
Remorque	un remolque	rrèmolkè
Robinet	el grifo	grifo
	(AmL : la llave del agua)	yavè dèl agoua
Sac à dos	una mochila	motchila
– de couchage	un saco de dormir	sako dè dormir
Seau	un cubo	koubo
	(AmL : un balde)	baldè
Table	una mesa	mèssa
Tapis de sol	una alfombra de hule	alfombra dè oulé
Tasse	una taza	taça
Tendeur	un tensor	tènnsor
Tente	una tienda	tiènnda
	(AmL : una carpa)	karpa
Terrain	un terreno	tèrrèno
Terrain de jeux	un campo de juego	kampo dè rhouègo
Toilettes	los servicios	sèrviçioss
	(AmL : el baño, water)	bagno, ouatèr
Tournevis	el destornillador	dèstorniyador
Trousse de secours	el botiquín	botikinn
Vaisselle	la vajilla	va'rhiya

HÔTEL
hotel (otèl)

Où y a-t-il un bon hôtel... un hôtel bon marché ?
¿Dónde hay un buen hotel... un hotel barato?
¿donndè aï ounn bouènn otèl... ounn otèl barato?

Je suis Monsieur, Madame, Mademoiselle... **J'ai réservé pour** une (deux) nuit(s), une (deux) chambre(s) à un (deux) lit(s), avec douche... avec bain... avec télévision.
Soy el Señor, la Señora, la Señorita... He reservado para una (dos) noche(s), una (dos) habitación (habitaciones), con una (dos) cama(s), con ducha... con cuarto de baño... con televisión.
soï èl sègnor, la sègnora, la sègnorita... è rrèssèrvado para ouna (doss) notchèss, ouna (doss) abitaçionn (abitacioness), konn ouna (doss) kama(ss), konn doutcha... konn kouarto dè bagno... konn tèlèvissionn.

FERMÉ	OUVERT	COMPLET
CERRADO	ABIERTO	COMPLETO
çérrado	abiérto	komplèto

Acceptez-vous les animaux ?
¿Acepta usted los animales?
¿açèpta oustèd loss animalèss?

Pouvez-vous appeler un autre hôtel ?
¿Puede usted llamar a otro hotel?
¿pouèdè oustèd yamar a otro otèl?

J'attends quelqu'un. Je suis dans le salon... au bar.
Estoy esperando a alguien. Estoy en el salón... en el bar.
èstoï èspèranndo a alguiènn. èstoï ènn èl salonn... ènn èl bar.

Pouvez-vous monter les bagages, s'il vous plaît ?
¿Puede usted subir el equipaje, por favor?
¿pouèdè oustèd soubir èl èkipa'rhè, por favor?

Où se trouve le **bar** ?
¿Dónde está el bar?
¿donndè èsta èl bar?

Avez-vous des **cartes postales**... des timbres ?
¿Tiene usted tarjetas postales... sellos?
¿tiènè oustèd tar'rhètass postalèss... sèyoss?

Je voudrais une **chambre** calme... moins chère.
Quisiera una habitación tranquila... menos cara.
kissièra ouna abitaçionn trannkila... mènoss kara.

Avec vue sur la mer... sur la montagne... sur la rue ?
¿Con vista al mar... a las montañas... a la calle?
¿konn vista al mar... a lass monntagnass... a la kayè?

Peut-on voir la **chambre** ?
¿Se puede ver la habitación?
¿sè pouèdè vèr la abitaçionn?

Acceptez-vous les Eurochèques... les cartes de crédit ?
¿Acepta usted los Eurocheques... las tarjetas de crédito?
¿açèpta oustèd loss èourotchèkèss... lass tar'rhètass dè krèdito?

Pouvez-vous me donner la **clef**, s'il vous plaît ?
¿Puede usted darme la llave, por favor?
¿pouèdè oustèd darmè la yavè, por favor?

J'ai laissé la **clef** à l'intérieur.
He dejado la llave adentro.
è dè'rhado la yavè adènntro.

Avez-vous un **coffre** ?
¿Tiene usted una caja fuerte?
¿tiènè oustèd ouna ka'rha fouèrtè?

Nous sommes **complets**.
El hotel está lleno (completo).
èl otèl èsta yèno (komplèto).

Pourriez-vous faire **descendre** mes bagages ?
¿Puede usted pedir que bajen mi equipaje?
¿pouèdè oustèd pèdir kè ba'rhènn mi èkipa'rhè?

hôtel

L'**électricité** (la prise de courant) ne fonctionne pas.
La electricidad (el enchufe) no funciona.
la èlèktriçidad (èl ènntchoufè) no founnçiona.

Voulez-vous m'envoyer la **femme de chambre** ?
¿Puede usted mandarme a la camarera?
¿pouèdè oustèd manndarmè a la kamarèra?

La **fenêtre** (la porte) (le verrou) ferme mal.
La ventana (la puerta) (el cerrojo) cierra mal.
la vènntana (la pouèrta) (èl çèrro'rho) çièrra mal.

Voulez-vous remplir cette **fiche** ?
Llene esta ficha, por favor.
yènè èsta fitcha, por favor.

Le **lavabo**... les toilettes... le bidet... est (sont) bouché(s).
El lavabo... el wáter... el bidé... está (están) atascado(s).
èl lavabo... èl ouatèr... èl bidè... èsta (èstann) ataskado(ss).

J'ai du linge à faire **laver**... nettoyer... repasser.
Tengo ropa para lavar... limpiar... planchar.
tènngo rropa para lavar... limpiar... planntchar.

Ce n'est pas mon **linge**.
Esta no es mi ropa.
èsta no èss mi rropa.

Y a-t-il un **message** pour moi ?
¿Hay algún recado para mí?
¿aï algounn rrèkado para mi?

Pourriez-vous m'expliquer les détails de cette **note** ?
¿Podría usted explicarme los detalles de esta cuenta?
¿podria oustèd èksplikarmè loss dètayèss dè èsta kouènnta?

Je ne peux pas **ouvrir** la porte de ma chambre.
No puedo abrir la puerta de mi habitación.
no pouèdo abrir la pouèrta dè mi abitaçionn.

Pouvez-vous me rendre mes **papiers d'identité** ?
¿Puede usted devolverme mis documentos?
¿pouèdè oustèd dèvolvèrmè miss dokoumènntoss?

hôtel

Avez-vous un **parking** ou un garage ?
¿Tiene usted un parking o un garaje?
¿tiènè oustèd ounn parking o ounn gara'rhè?

Non, il y a un **parcmètre**.
No, hay un parquímetro.
no, aï ounn parkimètro.

Je pense **partir** demain. Préparez ma note, s'il vous plaît.
Pienso irme mañana. Prepáreme la cuenta, por favor.
piènnso irmè magnana. prèparèmè la kouènnta, por favor.

Le **petit déjeuner** est-il inclus ? servi dans la chambre ? avec ou sans supplément ?
¿El desayuno está incluido?... ¿lo sirven en la habitación? ¿con o sin suplemento?
¿èl dèssayouno èsta innklóuido? ¿lo sirvènn ènn la abitaçionn? ¿konn o sinn souplèmènnto?

Petit déjeuner continental ou américain ?
¿Desayuno continental o americano?
¿dèssayouno konntinènntal o amèrikano?

Je suis **pressé**... en retard.
Tengo prisa... estoy atrasado.
tènngo prissa... èstoï atrassado.

Je vous **remercie** de votre excellent service.
Le agradezco mucho su excelente atención.
lè agradèçko moutcho sou èkçèlènntè atènnçionn.

Je **rentre** (je reviens) à... heures.
Vuelvo a las...
vouèlvo a lass...

Faites-vous des **réservations** pour les spectacles... les visites touristiques ?
¿Hace usted reservas para los espectáculos... las visitas turísticas?
¿açè oustèd rrèssèrvass para loss èspèktakouloss... lass vissitass touristikass?

Y a-t-il un **restaurant** dans l'hôtel ?
¿Hay restaurante en el hotel?
¿aï rrèstaouranntè ènn èl otèl?

hôtel

Oui, au premier étage.
Sí, en el primer piso.
si, ènn èl primèr pisso.

Combien de temps **restez**-vous ?
¿Cuánto tiempo se quedará usted?
¿kouannto tièmpo sè kèdara oustèd?

Je pense **rester**... jours... semaines... jusqu'au...
Pienso quedarme... días... semanas... hasta el...
piènnso kèdarmè... diass... sèmanass... asta èl...

Pouvez-vous me **réveiller** à... heures ?
¿Puede usted despertarme a las...?
¿pouèdè oustèd dèspèrtarmè a lass...?

Je voudrais une **serviette** de bain... une couverture...
du fil à coudre et une aiguille... du savon... du papier à
lettres... une enveloppe.
Quisiera una toalla... una manta... hilo de coser y una
aguja... jabón... papel de carta... un sobre.
kissièra ouna toaya... ouna mannta... ilo dè kossèr i
ouna agou'rha... rhabonn... papèl dè karta... ounn
sobrè.

Téléphonez au **service d'étage**.
Llame al personal de piso.
yamè al pèrsonal dè pisso.

Le **stationnement** est-il permis dans cette rue ?
¿Está permitido aparcar en esta calle?
¿èsta pèrmitido aparkar ènn èsta kayè?

Je voudrais **téléphoner** en France... en ville.
Quisiera llamar a Francia... dentro de la ciudad.
kissièra yamar a frannçia... dènntro dè la çioudad.

Vous appelez de votre chambre le n°...
Llame usted al número... desde su habitación.
yamè oustèd al noumèro... dèsdè sou abitaçionn.

Combien de **temps** faut-il pour aller à la gare... à l'aéro-
port ?
¿Cuánto tiempo se necesita para ir a la estación...
al aeropuerto?
¿kouannto tièmpo sè nèçèssita para ir a la èsta-
çionn... al aèropouèrto?

Nos **voisins** sont bruyants.
Nuestros vecinos hacen mucho ruido.
nouèstross vèçinoss açènn moutcho rrouido.

Quel est le **voltage** ?
¿Cuál es el voltaje?
¿koual èss èl volta'rhè?

hôtel

VOCABULAIRE

Accueil	la recepción	rrèçèpçionn
Air conditionné	el aire acondicionado	aïrè akonndiçionado
Ampoule	una bombilla	bombiya
	(*AmL :* una ampolleta)	ampoyèta
Arrivée	la llegada	yègada
Ascenseur	el ascensor	açènnsor
Baignoire	la bañera	bagnèra
	(*AmL :* la tina de baño)	tina dè bagno
Balcon	el balcón	balkonn
Bidet	el bidé	bidè
CAISSE	CAJA	ka'rha
Cendrier	un cenicero	çèniçèro
Chaise	una silla	siya
Chambre	una habitación	abitaçionn
	(*AmL :* el cuarto)	kouarto
Chasse d'eau	la cadena	kadèna
Chaud	caliente	kaliènntè
Chauffage	la calefacción	kalèfakçionn
Chèque de voyage	un cheque de viaje	tchèkè – dè via'rhè
Cintre	una percha	pèrtcha
Clef (de la chambre)	la llave de la habitación	yavè dè la abitaçionn
CONCIERGE	PORTERO, GUARDIA	portèro, gouardia
Courant	la corriente	korriènntè
Couverture	una manta	mannta
	(*Mex :* una cobija)	kobi'rha
	(*AmL :* una frazada)	fraçada
Demi-pension	media pensión	mèdia pènnsionn
Direction	la dirección	dirèkçionn
Douche	la ducha	doutcha
Draps	las sábanas	sabanass
Eau chaude	el agua caliente	agoua kaliènntè
– froide	– – fría	– fria
Escalier	la escalera	èskalèra
Étage	el piso	pisso
Froid	frío	frio
Fuite	un escape	èskapè
Interrupteur	el interruptor	inntèrrouptor

hôtel (petit déjeuner)

Lit	la cama	kama
Lumière	la luz	louç
Matelas	el colchón	koltchonn
Miroir	el espejo	èspè'rho
Nettoyer	limpiar	limpiar
Note	la cuenta	kouènnta
Oreiller	la almohada	almoada
Papiers d'identité	los documentos	dokoumènntoss
Pension complète	pensión completa	pènnsionn komplèta
Porteur	el mozo	moço
	(AmL : el maletero)	malètèro
Portier	el portero	portèro
Rasoir électrique	una máquina	makina dè afèitar
	de afeitar eléctrica	èlèktrika
Rasoir mécanique	una maquinilla	makiniya dè afèitar
	de afeitar	
RÉCEPTION	RECEPCIÓN	rrèçèpçionn
Réfrigérateur	la nevera	nèvèra
	(AmL : el refrigerador)	rrèfri'rhèrador
Robinet	el grifo	grifo
	(AmL : la llave del agua)	yavè dèl agoua
SALLE À MANGER	COMEDOR	komèdor
Salle de bains	el cuarto de baño	kouarto dè bagno
Savon	el jabón	rhabonn
SERVICE	SERVICIO	sèrviçio
Serviette de bain	una toalla de baño	toaya dè bagno
– de toilette	una toalla	toaya
Table de nuit	la mesilla de noche	mèssiya dè notchè
TOILETTES	SERVICIOS	sèrviçioss
	(AmL : BAÑO, WC)	bagno, vèssè
Verrou	un cerrojo	çèrro'rho
Voltage	el voltaje	volta'rhè

PETIT DÉJEUNER

desayuno (dèssayouno)

VOCABULAIRE

Assiette	un plato	plato
Bacon	el tocino	toçino
Beurre	la mantequilla	manntèkiya
	(Arg : la manteca)	manntèka
Bol	un bol	bol

Café noir	un café solo (puro)	kafé solo (pouro)
	(Mex : – – negro)	– négro
– au lait	– – con leche	– konn létché
Chaud	caliente	kaliénnté
Chocolat	un chocolate	tchokolaté
Citron	un limón	limonn
Confiture	la mermelada	mérmélada
	(AmL : el dulce)	doulçé
Couteau	un cuchillo	koutchiyo
Cuiller	una cuchara	koutchara
Petite cuiller	una cucharilla	koutchariya
Eau	el agua	agoua
Fourchette	un tenedor	ténédor
Froid	frío	frio
Fromage	el queso	késso
Fruit	la fruta	frouta
Jambon	el jamón	rhamonn
Jus de fruits	un zumo de fruta	çoumo dé frouta
	(AmL : un jugo de fruta)	rhougo dé frouta
– d'orange	– – de naranja	– narann'rha
– de pamplemousse	– – de pomelo	– dé pomélo
	(Mex : – de toronja)	– dé toronn'rha
– de pomme	– de manzana	– dé mannçana
Miel	la miel	miél
Œufs brouillés	huevos revueltos	ouévoss rrévouéltoss
– à la coque	– pasados por agua	– passadoss por agoua
	(AmL : huevos a la copa)	– a la kopa
– sur le plat	– estrellados	– éstréyadoss
	(AmL : – fritos)	– fritoss
Omelette	una tortilla	tortiya
Pain	el pan	pann
Poivre	la pimienta	pimiénnta
Saucisses	las salchichas	saltchitchass
Sel	la sal	sal
Soucoupe	un platillo	platiyo
Sucre	el azúcar	açoukar
Table	una mesa	méssa
Tasse	una taza	taça
Thé	un té	té
Toast	pan tostado	pann tostado
Verre	un vaso	vasso
Yoghourt	un yogur	yogour

hôtel (petit déjeuner)

animaux de compagnie

ANIMAUX DE COMPAGNIE

animales de compañia

(animalèss dè kompagnia)

Acceptez-vous les **animaux**... les chats... les chiens ?
¿Acepta usted los animales... los gatos... los perros?
¿açèpta oustèd loss animalèss... loss gatoss... loss pèrross?

Mon chien n'est pas **méchant**.
Mi perro no es bravo.
mi pèrro no èss bravo.

Faut-il payer un **supplément** ?
¿Hay que pagar un suplemento?
¿aï kè pagar ounn souplèmènnto?

Où puis-je trouver un **vétérinaire** ?
¿Dónde puedo encontrar a un veterinario?
¿donndè pouèdo ènnkonntrar a ounn vètèrinario?

VOCABULAIRE

Aboyer	ladrar	ladrar
Certificat	un certificado	çèrtifikado
Chat	un gato	gato
Chien	un perro	pèrro
Chienne	una perra	pèrra
Collier	un collar	koyar
Croc	un colmillo	kolmiyo
Docile	dócil	doçil
Enragé	enrabiado	ènnrrabiado
Gueule	la jeta	rhèta
Laisse	la correa	korrèa
Malade	enfermo, malo	ènnfèrmo, malo
Miauler	maullar	maouyar
Muselière	un bozal	boçal
Obéissant	obediente	obèdiènntè
Pattes	las patas	patass
Propre	limpio	limpio
Queue	la cola	kola
Vaccin	una vacuna	vakouna
Vétérinaire	el veterinario	vètèrinario

RESTAURATION
restaurante (rrèstaouranntè)

restauration

Pouvez-vous m'indiquer un bon restaurant...
un restaurant bon marché... à prix raisonnables ?
> *¿Puede usted indicarme un buen restaurante...*
> *un restaurante barato... de precios razonables?*
> *¿pouèdè oustèd inndikarmè ounn bouènn rrèstaou-*
> *ranntè... ounn rrèstaouranntè barato... dè prèçioss*
> *rraçonablèss?*

Pouvez-vous m'indiquer un restaurant typique
de la région ?
> *¿Puede usted indicarme algún restaurante típico*
> *de la region?*
> *¿pouèdè oustèd inndikarmè algounn rrèstaouranntè*
> *tipiko dè la rrè'rhionn?*

FERMÉ	OUVERT	COMPLET
CERRADO	ABIERTO	COMPLETO (LLENO)
çérrado	abièrto	komplèto (yèno)

Pouvons-nous déjeuner... dîner ?
> *¿Podemos almorzar... cenar?*
> *¿podèmoss almorçar... çènar?*

Apportez-moi la carte, s'il vous plaît.
> *Tráigame la carta, por favor.*
> *traïgamè la karta, por favor.*

S'il vous plaît, je voudrais une **boisson**... chaude...
une bière... un jus de fruits... un verre de...
> *Por favor, quisiera una bebida... caliente... una*
> *cerveza... un zumo (jugo) de fruta... un vaso de...*
> *por favor, kissièra ouna bèbida... kaliènntè... ouna*
> *çèrvèça... ounn çoumo (rhougo) dè frouta... ounn*
> *vasso dè...*

Je n'ai pas **commandé** cela.
> *Yo no he pedido ésto.*
> *yo no è pèdido èsto.*

restauration

Que me **conseillez-vous** sur cette carte ?
¿Qué me recomienda usted en esta carta?
¿kè mè rrèkomiènnda oustèd ènn èsta karta?

C'est trop **cuit**... Ce n'est pas assez **cuit**.
Está demasiado cocido... No está bastante cocido.
èsta dèmassiado koçido... no èsta bastanntè koçido.

Je ne désire pas d'**entrée**.
No deseo entrada (entremeses).
no dèssèo ènntrada (ènntrèmèssèss).

Il y a une **erreur**.
Hay un error.
aï ounn èrror.

Pouvez-vous **réchauffer** ce plat ? Il est froid.
¿Puede usted calentar este plato? Está frío.
¿pouèdè oustèd kalènntar èstè plato? èsta frio.

J'ai **réservé** une table pour deux personnes.
He reservado una mesa para dos personas.
è rrèssèrvado ouna mèssa para doss pèrsonass.

Je voudrais **réserver** pour quatre personnes.
Quisiera reservar para cuatro personas.
kissièra rrèssèrvar para kouatro pèrsonass.

Le **service** est-il compris ?
¿Está incluido el servicio?
¿èsta innklouido èl sèrviçio?

Avez-vous une **table libre**... dehors... sur la terrasse...
près de la fenêtre ?
¿Tiene usted alguna mesa desocupada... afuera...
en la terraza... junto a la ventana?
¿tiènè oustèd algouna mèssa dèssokoupada...
afouèra... ènn la tèrraça... rhounnto a la vènntana?

Non, monsieur, tout est réservé.
No, señor, todo está reservado.
no, sègnor, todo èsta rrèssèrvado.

Où sont les **toilettes**, s'il vous plaît ?
¿Dónde están los servicios, por favor?
¿donndè èstann loss sèrviçioss, por favor?

Il est trop **tôt**... trop **tard**.
Es demasiado temprano... demasiado tarde.
èss dèmassiado tèmprano... dèmassiado tardè.

Le **vin** est-il compris ?
¿Está incluido el vino?
¿èsta innklouido èl vino?

Ce **vin** sent le bouchon.
Este vino huele a corcho.
èstè vino ouèlè a kortcho.

L'addition, s'il vous plaît.
La cuenta, por favor.
la kouènnta, por favor.

VOCABULAIRE

Addition	la cuenta	kouènnta
Agneau (viande)	la carne de cordero	karnè dè kordèro
Ail (avec)	con ajo	konn a'rho
– (sans)	sin ajo	sinn a'rho
Ananas	una piña, un ananas	pigna, ananass
Anchois	las anchoas	anntchoass
Apéritif	un aperitivo	apèritivo
Artichaut	una alcachofa	alkatchofa
Asperges	los espárragos	èsparragoss
Assaisonner	sazonar	saçonar
	(AmL : aliñar)	alignar
Assiette	un plato	plato
Beurre	la mantequilla	manntèkiya
	(Arg : la manteca)	manntèka
Bière blonde	la cerveza rubia	çèrvèça rroubia
– (bouteille)	una botella de cerveza	botèya dè çèrvèça
– brune	la cerveza negra	çèrvèça nègra
– pression	una caña	kagna
Bleu	muy crudo	moui kroudo
	(AmL : de vuelta y vuelta)	dè vouèlta i vouèlta
Bœuf (viande)	la carne de buey	karnè dè bouèi
	(AmL : la carne de vaca)	karnè dè vaka
Boisson	una bebida	bèbida
– chaude	caliente	kaliènntè
– fraîche	fría	fria
Bouchon	corcho	kortcho
Bouilli	hervido	èrvido
Braisé	estofado	èstofado
Brûlé	quemado	kèmado

restauration

Café	un café	kafé
– fort	– – fuerte	– fouérté
– léger	– – ligero	– li'rhéro
– au lait	– – con leche	– konn létché
Canard	un pato	pato
Carafe	una jarra	rharra
Carotte	una zanahoria	çanaoria
Cendrier	un cenicero	çéniçéro
Champignons	unas setas,	sétass,
	unos champiñones,	tchampignonéss,
	unos hongos	onngoss
Charcuterie	unos embutidos	émboutidoss
Chaud	caliente	kaliénnté
Chocolat	el chocolate	tchokolaté
Citron	un limón	limonn
COMPLET	COMPLETO, LLENO	kompléto, yéno
Courgette	un calabacín	kalabaçinn
	(AmL : un zapallito)	çapayito
Couteau	un cuchillo	koutchiyo
Couverts	los cubiertos	koubiértoss
Cuiller à soupe	una cuchara sopera	koutchara sopéra
– (petite)	una cucharilla	koutchariya
Cuit	cocido	koçido
– (bien)	bien cocido	biénn koçido
– (peu)	poco cocido	poko koçido
– au four	cocido al horno	koçido al orno
– à la vapeur	cocido al vapor	koçido al vapor
Cure-dents	mondadientes	monndadiénntéss
Déjeuner	el almuerzo	almouérço
– (petit)	el desayuno	déssayouno
Dessert	un postre	postré
Diététique	la dietética	diététika
Eau minérale gazeuse	agua mineral gaseosa	agoua minéral gasséossa
– – plate	– – sin gas	– – sinn gass
Entrée	una entrada	énntrada
Épices	los aliños	alignoss
Faim	el hambre	ambré
Farci	relleno	rréyéno
FERMÉ	CERRADO	çérrado
Foie	el hígado	igado
Fourchette	un tenedor	ténédor
Frais	fresco	frésko
Frit	frito	frito
Frites	unas patatas fritas	patatass fritass
	(AmL : unas papas fritas)	papass fritass
Fromage	el queso	késso
Fruit	una fruta	frouta

Fruits de mer	los mariscos	mariskoss
Garçon	el camarero	kamaréro
	(AmL : el mozo)	moço
Gibier	la carne de caza	karné dè kaça
Gigot d'agneau	una pierna de cordero	piérna dè kordéro
Glace	un helado	élado
Glaçons	unos cubitos de hielo	koubitoss dè yélo
Goût	el gusto	gousto
Grillé	a la parrilla	a la parriya
Haricots en grains	las judías	rhoudiass
	(Mex : los frijoles)	fri'rholèss
	(AmL : los porotos)	porotoss
– verts	las judías verdes	rhoudiass vèrdèss
	(Mex : los ejotes)	é'rhotèss
	(AmL : los porotos verdes)	porotoss vèrdèss
Hors-d'œuvre	los entremeses	énntrémèssèss
	(AmL : la entrada)	énntrada
Huile	el aceite	açéité
– d'olive	– – de oliva	– dè oliva
Jus de fruits	un zumo de fruta	çoumo dè frouta
	(AmL : un jugo de fruta)	rhougo dè frouta
– de viande	jugo de carne	rhougo dè karné
Langoustines	los langostinos	lanngostinoss
Lapin	un conejo	koné'rho
Légumes	las verduras	vèrdourass
Menu	el menú	ménou
Moutarde	la mostaza	mostaça
Mouton	el cordero	kordéro
Nappe	un mantel	manntèl
Nouilles	los tallarines	tayarinèss
	(AmL : los fideos)	fidéoss
Œufs brouillés	huevos revueltos	ouévoss rrévouéltoss
– à la coque	– pasados por agua	– passadoss por agoua
	(AmL : a la copa)	– a la kopa
– durs	– duros	– douross
– au plat	– estrellados	– èstrèyadoss
	(AmL : – fritos)	– fritoss
Oignons	las cebollas	çéboyass
Omelette	una tortilla	tortiya
OUVERT	ABIERTO	abièrto
Pâtisserie	los pasteles	pastélèss
Petits pois	los guisantes	guissanntèss
	(AmL : las arvejas)	arvè'rhass
Pichet	un jarro	rharro
Piment	un pimiento, ají	pimiènnto, a'rhi
	(Mex : un chile)	tchilé
Plat	un plato	plato

restauration

Plat du jour	el plato del día	plato dèl dia
Point (à)	a punto	a pounnto
Poisson	pescado	pèskado
Poivre	la pimienta	pimiènnta
Pomme de terre	una patata	patata
	(AmL : una papa)	papa
Porc (viande)	la carne de cerdo	karnè dè çèrdo
	(AmL : - - - chancho)	- - tchanntcho
Portion	una porción	porçionn
Potage	una sopa	sopa
Poulet	un pollo	poyo
Riz	arroz	arroç
Rôti	asado	assado
Saignant	poco hecho	poko ètcho
	(AmL : jugoso)	rhougosso
Salade	una ensalada	ènnsalada
Sauce	una salsa	salsa
Sel	la sal	sal
– (sans)	sin sal	sinn sal
Serviette	una servilleta	sèrviyèta
Sorbet	un sorbete	sorbètè
	(AmL : un helado de agua)	èlado dè agoua
Steak	un bistec	bistèk
	(Arg : un bife)	bifè
– haché	- - de carne picada	- dè karnè pikada
Sucre	el azúcar	açoukar
Sucré	azucarado	açoukarado
Tarte	una tarta	tarta
Tasse	una taza	taça
Tendre	tierno	tièrno
Thé	el té	tè
Tomate	un tomate	tomatè
	(Mex : un jitomate)	rhitomatè
Tranche	una tajada, rebanada	ta'rhada, rrèbanada
Veau (viande)	la carne de ternera	karnè dè tèrnèra
Verre	un vaso	vasso
Viande	la carne	karnè
Vin	el vino	vino
– blanc	- - blanco	– blannko
– rouge	- - tinto	– tinnto
– rosé	- - rosado	– rrossado
Vinaigre	el vinagre	vinagrè
Volailles	las aves	avèss

ACHATS

LES PHRASES INDISPENSABLES

Je voudrais **acheter**...
Quisiera comprar...
kissièra komprar...

Pouvez-vous m'**aider** ?
¿Puede usted ayudarme?
¿pouèdè oustèd ayoudarmè?

En **avez-vous** d'autres... moins chers... plus grands...
plus petits ?
¿Tiene usted otros... menos caros... más grandes...
más pequeños?
¿tiènè oustèd otross... mènoss kaross... mass grann-
dèss... mass pèkègnoss?

Acceptez-vous les **cartes de crédit** ?
¿Acepta usted las tarjetas de crédito?
¿açèpta oustèd lass tar'rhètass dè krèdito?

Où est le **centre commercial**... le marché ?
¿Dónde está el centro comercial... el mercado?
¿donndè èsta èl çènntro komèrçial... èl mèrkado?

Au coin de la rue.
En la esquina.
ènn la èskina.

Première rue à droite.
La primera calle a la derecha.
la primèra kayè a la dèrètcha.

Deuxième à gauche.
La segunda a la izquierda.
la sègounnda a la içkièrda.

Tout près d'ici.
Muy cerca de aquí.
moui çèrka dè aki.

C'est loin.
Está lejos.
èsta lè'rhoss.

Pouvez-vous me donner le **certificat d'origine** ?
¿Puede usted darme el certificado de origen?
¿pouèdè oustèd darmè èl çèrtifikado dè ori'rhènn?

Acceptez-vous les **chèques de voyage** ?
¿Acepta usted los cheques de viaje?
¿açèpta oustèd loss tchèkèss dè via'rhè?

Cela me **convient**.
Asi está bien.
assi èsta biènn.

J'aimerais une **couleur** moins... plus foncée... claire.
Preferiría un color menos... más obscuro... claro.
prèfèriria ounn kolor mènoss... mass obskouro... klaro.

Combien cela **coûte-t-il** ?
¿Cuánto vale ésto?
¿kouannto valè èsto?

Quels sont les **droits de douane** à payer ?
¿Cuánto hay que pagar de derechos de aduana?
¿kouannto aï kè pagar dè dèrètchoss dè adouana?

Puis-je **échanger**... **essayer** ?
¿Puedo cambiar... probar?
¿pouèdo kambiar... probar?

À quelle heure **fermez-vous** ?
¿A qué hora cierra usted?
¿a kè ora çièrra oustèd?

J'**hésite** encore.
Todavía no me decido.
todavia no mè dèçido.

Pouvez-vous **livrer** ce paquet à l'hôtel ?
¿Puede usted mandar este paquete al hotel?
¿pouèdè oustèd manndar èstè pakètè al otèl?

Avez-vous de la **monnaie** ?
¿Tiene usted cambio?
¿tiènè oustèd kambio?

Pouvez-vous me **montrer** autre chose ?
¿Puede usted enseñarme otra cosa?
¿pouèdè oustèd ènnsègnarmè otra kossa?

les phrases indispensables

les phrases indispensables

Où dois-je **payer** ?... À la caisse.
¿Dónde tengo que pagar?... En la caja.
¿donndè tènngo kè pagar?... ènn la ka'rha.

Celui-ci me **plairait** plus.
Este me gustaría más.
èstè mè goustaria mass.

Écrivez-moi le **prix**, s'il vous plaît.
Escríbame el precio, por favor.
èskribamè èl prèçio, por favor.

Puis-je **regarder**, s'il vous plaît ?
¿Puedo mirar, por favor?
¿pouèdo mirar, por favor?

Pouvez-vous me **rembourser** ?
¿Puede usted reembolsarme?
¿pouèdè oustèd rrèèmbolsarmè?

Je **repasserai** dans la journée... demain.
Pasaré nuevamente hoy... mañana.
passarè nouèvamènntè oï... magnana.

Ceci fait-il partie des **soldes** ?
¿Esto también está en liquidación?
¿èsto tambiènn èsta ènn likidaçionn?

Cela me **va** bien.
Esto me queda bien.
èsto mè kèda biènn.

Merci, au revoir !
¡Gracias, adiós (hasta luego)!
¡graçiass, adioss (asta louègo)!

APPAREILS ÉLECTRIQUES / HI-FI
electrodomésticos (èlèktrodomèstikoss)
hi-fi (ifi)

Un **adaptateur** est-il nécessaire ?
¿Hace falta un adaptador?
¿açé falta ounn adaptador?

Cet **appareil** est déréglé.
Este aparato está descompuesto.
èstè aparato èsta dèskompouèsto.

Pouvez-vous me donner le **certificat d'origine** ?
¿Puede usted darme el certificado de origen?
¿pouèdè oustèd darmè èl çèrtifikado dè ori'rhènn?

Quels sont les **droits de douane** à payer ?
¿Cuánto hay que pagar de derechos de aduana?
¿kouannto aï kè pagar dè dèrètchoss dè adouana?

Le **fusible** a sauté.
Se fundió el fusible.
sè founndio èl foussiblè.

Avez-vous ce type de **pile** ?
¿Tiene usted este tipo de pila?
¿tiènè oustèd èstè tipo dè pila?

Ma **radio** est en panne.
Mi radio no funciona.
mi rradio no founnçiona.

Pouvez-vous le (la) **réparer** ?
¿Puede usted arreglarlo (la)?
¿pouèdè oustèd arrèglarlo (la)?

Quand pourrai-je le (la) **reprendre** ?
¿Cuándo puedo venir a retirarlo (la)?
¿kouanndo pouèdo vènir a rrètirarlo (la)?

VOCABULAIRE

Français	Espagnol	Prononciation
Adaptateur	un adaptador	adaptador
Ampérage	el amperaje	ampéra'rhè

appareils électriques / hi-fi

Amplificateur	un amplificador	amplifika**d**or
Ampoule	una bombilla	bombiya
	(*AmL* : una ampolleta)	ampoyé**t**a
Antenne	la antena	annté**n**a
Bande magnétique	una cinta magnética	çinnta mag-né**t**ika
Bouilloire	un hervidor	érvi**d**or
	(*AmL* : una tetera)	tété**r**a
Brancher	enchufar	énntchoufar
Bruit	el ruido	rrouido
	(*AmL* : la bulla)	bouya
Câble	un cable	kablé
Cafetière	una cafetera	kafété**r**a
Calculatrice	una calculadora	kalkoula**d**ora
Cassette enregistrée	una cassette grabada	kassét grabada
– vierge	– – virgen	– vir'rhènn
Courant	la corriente	korriènnté
Dévisser	destornillar	déstorniyar
Disques (compacts)	los discos (compactos)	diskoss
		– kompaktoss
Écouteurs	los auriculares	aourikoularèss
	(*AmL* : los audífonos)	aoudifonoss
Fer à repasser	una plancha	planntcha
Fil	un cordón	kord**onn**
Fréquence	la frecuencia	frèkouénnçia
Fusible	un fusible	foussiblé
Garantie	la garantía	garanntia
Haut-parleur	un parlante	parlannté
Interrupteur	un interruptor	inntèrrouptor
Lampe	una lámpara	lampara
Magnétophone	un magnetófono	mag-né**t**ofono
	(*AmL* : una grabadora)	graba**d**ora
Magnétoscope	un video	vidéo
Pile	una pila	pila
Portatif	portátil	portatil
Prise	un enchufe	énntchoufé
– multiple	– – múltiple	– moultiplé
Radio	una radio	rradio
Rallonge	un alargador	alarga**d**or
Résistance	la resistencia	rréssistènnçia
Réveil	el despertador	déspèrta**d**or
Sèche-cheveux	el secador de pelo	séka**d**or dé pélo
Tête de lecture	la cabeza de lectura	kabéça dé léktoura
Touche	una tecla	tékla
Transformateur	un transformador	trannsforma**d**or
Voltage 110	voltaje de ciento diez	volta'rhé dé çiènnto diéç
– 220	– de doscientos veinte	– dé doçiènntoss véinnté

BANQUE
banco (bannko)

banque

Où est la **banque** la plus proche ?
¿Dónde está el banco más cercano?
¿donndè èsta èl bannko mass çèrkano?

Y a-t-il un **bureau de change** près d'ici ?
¿Hay alguna oficina de cambio cerca de aquí?
¿aï algouna ofiçina dè kambio çèrka dè aki?

J'ai une **carte de crédit**.
Tengo una tarjeta de crédito.
tènngo ouna tar'rhèta dè krèdito.

Je voudrais **changer** des francs suisses... des euros.
Quisiera cambiar francos suizos... Euros.
kissièra kambiar frannkoss souiçoss... èouross.

Je voudrais encaisser ce **chèque de voyage**.
Quisiera hacer efectivo este cheque de viaje.
kissièra açèr èfèktivo èstè tchèkè dè via'rhè.

Quel est le **cours du change** ?
¿A cómo está el cambio?
¿a komo èsta èl kambio?

Quelles sont les heures d'**ouverture** de la banque ?
¿A qué hora está abierto el banco?
¿a kè ora èsta abièrto èl bannko?

Où dois-je **signer** ?
¿Dónde tengo que firmar?
¿donndè tènngo kè firmar?

J'attends un **virement**. Est-il arrivé ?
Espero una transferencia. ¿Ha llegado ya?
èspèro ouna trannsfèrènnçia. ¿a yègado ya?

banque

VOCABULAIRE

Français	Espagnol	Prononciation
Argent	el dinero	dinéro
	(AmL : la plata)	plata
Billet	un billete	biyété
CAISSE	CAJA	ka'rha
Carnet de chèques	un talonario de cheques	talonario dé tchékèss
Carte de crédit	una tarjeta de crédito	tar'rhéta dé krédito
CHANGE	CAMBIO	kambio
Changer	cambiar	kambiar
Chèque	un cheque	tchéké
– de voyage	– – de viaje	– dé via'rhé
Commission	la comisión	komissionn
	el porcentaje	porçénnta'rhé
Compte	la cuenta	kouénnta
Cours	el (tipo de) cambio	tipo dé kambio
Devises	las divisas	divissass
Distributeur de billets	el cajero automático	ka'rhero aoutomatiko
Encaisser	hacer efectivo	açèr éféktivo
	(AmL : cobrar)	kobrar
Espèces	en efectivo	éféktivo
Eurochèques	Eurocheques	éourotchékèss
Formulaire	un formulario	formoulario
Guichet	la ventanilla	vénntaniya
Montant	el monto	monnto
Paiement	el pago	pago
Payer	pagar	pagar
	(AmL : cancelar)	kannçélar
Pièces de monnaie	monedas	monédass
Reçu	un recibo	rréçibo
Retirer	sacar	sakar
Signature	la firma	firma
Signer	firmar	firmar
Versement	un depósito	dépossito
Virement	una transferencia	trannsférénnçia
	(AmL : un giro)	rhiro

BIJOUTERIE / HORLOGERIE
joyería (rhoyèria)
relojería (rrèlo'rhèria)

Je voudrais voir le **bracelet** qui est en vitrine.
*Quisiera ver el brazalete (la pulsera) que está
en vitrina.*
kissièra vèr èl braçalètè (la poulsèra) kè èsta
ènn vitrina.

Pouvez-vous me donner le **certificat d'origine** ?
¿Puede usted darme el certificado de origen?
¿pouèdè oustèd darmè èl çèrtifikado dè ori'rhènn?

Avez-vous un **choix** de bagues ?
¿Tiene usted un surtido de sortijas?
¿tiènè oustèd ounn sourtido dè sorti'rhass?

Quels sont les **droits de douane** à payer ?
¿Cuánto hay que pagar de derechos de aduana?
¿kouannto aï kè pagar dè dèrètchoss dè adouana?

Auriez-vous un **modèle** plus simple ?
¿Tendría usted un modelo más sencillo?
¿tènndria oustèd ounn modèlo mass sènnçiyo?

Ma **montre** ne marche pas.
Mi reloj no funciona.
mi rrèlo'rh no founnçiona.

Pouvez-vous **remplacer** le verre ?
¿Puede usted cambiar el cristal?
¿pouèdè oustèd kambiar èl kristal?

Le **verre** est cassé.
El cristal se ha roto.
èl kristal sè a rroto.

VOCABULAIRE

Acier inoxydable	acero inoxidable	açèro inoksidablè
Aiguille	la aguja	agou'rha
Ambre	el ámbar	ambar
Argent massif	plata maciza	plata maçiça

bijouterie, horlogerie

Bague	una sortija, argolla	sorti'rha, argoya
	(*AmL* : un anillo)	aniyo
Boucle	una hebilla	ébiya
Boucles d'oreilles	unos pendientes	pénndiénntéss
	(*Mex* : unos aretes)	arétéss
	(*AmL* : unos aros)	aross
Boutons de manchettes	unos gemelos	rhéméloss
	(*AmL* : unas colleras)	koyérass
Bracelet-montre	un reloj de pulsera	rrélo'rh dé poulséra
Briquet	un mechero,	métchéro,
	encendedor	énnçénndédor
Broche	un broche	brotché
Cadeau	un regalo	rrégalo
Carat	carate	karaté
Chaîne	una cadena	kadéna
Chaînette	una cadenita	kadénita
Chronomètre	un cronómetro	kronométro
Collier	un collar	koyar
Couverts	unos cubiertos	koubiértoss
Épingle de cravate	un alfiler de corbata	alfilér dé korbata
Étanche	impermeable	impérméablé
Ivoire	el marfil	marfil
Médaille	una medalla	médaya
Montre automatique	un reloj automático	rrélo'rh aoutomatiko
Or massif	oro macizo	oro maçiço
Pendentif	un dije, pendentif	di'rhé, pénndénntif
Pierres précieuses	unas piedras preciosas	piédrass préçiossass
– semi-précieuses	– – semi-preciosas	– sémi-préçiossass
Pile	una pila	pila
Plaqué argent	enchapado en plata	énntchapado énn plata
– or	– en oro	– énn oro
Ressort	el resorte	rréssorté
Réveil de voyage	un despertador de viaje	déspértador dé via'rhé
Verre (de montre)	el cristal	kristal

BOUCHERIE / CHARCUTERIE
carnicería (karniçèria)
charcutería (tcharkoutèria)

Moins cher... **moins** gros... **moins** gras.
Menos caro... menos grande... menos graso.
mènoss karo... mènoss granndè... mènoss grasso.

Auriez-vous un autre **morceau** ?
¿Tendría usted otro trozo?
¿tènndria oustèd otro troço?

Plus gros... **plus** petit.
Más grande... más pequeño.
mass granndè... mass pèkègno.

VOCABULAIRE

Agneau (côte d')	una chuleta de cordero	tchoulèta dè kordèro
Bœuf (côte de)	una chuleta de buey	tchoulèta dè bouèi
	(*AmL :* – de vaca)	– dè vaka
– (rôti de)	un asado	assado
– (steak)	un bistec	bistèk
	(*Arg :* un bife)	bifè
– (steak haché)	un picadillo	pikadiyo
	(*AmL :* carne molida)	karnè molida
Boudin	la morcilla	morçiya
	(*AmL :* la prieta)	prièta
Cerf	el ciervo	çièrvo
Entrecôte	el lomo	lomo
Faux filet	el solomillo	solomiyo
Filet	el filete	filètè
Foie	el hígado	igado
Gras	la grasa, el gordo	grassa, gordo
	(*AmL :* la gordura)	gordoura
Jambon	el jamón	rhamonn
Lard	el tocino	toçino
Maigre	magro, sin grasa	magro, sinn grassa
Morceau	un trozo	troço
Mouton (épaule de)	un codillo de cordero	kodiyo dè kordèro
– (gigot de)	una pierna de cordero	pièrna dè kordèro
Porc (côte de)	una chuleta de cerdo	tchoulèta dè çèrdo
Salé	carne de cerdo salada	karnè dè çèrdo salada
Saucisse	una salchicha	saltchitcha

boucherie, charcuterie

Saucisson	un salchichón	saltchitchonn
Tendre	tierno	tiérno
Tranche	una loncha, rebanada	lonntcha, rrèbanada
Veau (escalope de)	una escalopa de ternera	èskalopa dé tèrnèra
Volailles	las aves	avèss
canard	el pato	pato
dinde	el pavo	pavo
	(Mex : el guajolote)	goua'rholoté
lapin	el conejo	konè'rho
pintade	la pintada	pinntada
	(AmL : la gallineta)	gayinèta
poulet	el pollo	poyo

BOULANGERIE / PÂTISSERIE
panadería (panadèria)
pastelería (pastèlèria)

VOCABULAIRE

Bien cuit	bien cocido	biènn koçido
Biscotte	pan tostado, biscotte	pann tostado, biskot
Brioche	un bollo	boyo
Chausson	una empanadilla	èmpanadiya
Croissant	un croissán	krouassann
Farine	la harina	arina
Gâteau	un pastel	pastèl
Levure	la levadura	lèvadoura
Pain	el pan	pann
Pâte	la masa	massa
Peu cuit	no muy cocido	no moui koçido
Tarte	una tarta	tarta

CHAUSSURES / CORDONNIER

zapatos (çapatoss)
zapatero (çapatéro)

Où puis-je trouver un **cordonnier** ?
   ¿Dónde puedo encontrar un zapatero?
   ¿donndé pouédo énnkonntrar ounn çapatéro?

Puis-je **essayer** ?
   ¿Puedo probarme?
   ¿pouédo probarmé?

Ces chaussures sont **étroites**. Pouvez-vous les mettre sur la forme ?
   Estos zapatos me quedan estrechos. ¿Puede ponerlos en la horma?
   éstoss çapatoss mé kédann éstrètchoss. ¿pouédé ponérloss énn la orma?

Avez-vous un **modèle** du même genre ?
   ¿Tiene usted algún modelo del mismo tipo?
   ¿tiènè oustéd algounn modélo dèl mismo tipo?

Quand seront-elles **prêtes** ?
   ¿Cuándo estarán listos?
   ¿kouanndo éstarann listoss?

Faites-vous des **réparations** rapides ?
   ¿Hace usted arreglos rápidos?
   ¿açé oustéd arrègloss rrapidoss?

VOCABULAIRE

Beige	beige	béige
Blanc	blanco	blannko
Botte	una bota	bota
Brun	marrón	marronn
	(*AmL* : café)	kafé
Caoutchouc	goma	goma
Chausse-pied	un calzador	kalçador
Chaussures de marche	zapatos para andar	çapatoss para anndar
– montantes	botinas	botinass
Cirage	el betún, la cera	bétounn, çéra
Clouer	clavar	klavar

Coller	pegar	pègar
Cordonnier	el zapatero	çapatéro
Court	corto	korto
Cuir véritable	cuero	kouéro
Daim	ante	anntté
Embauchoir	la horma	orma
Étroit	estrecho	èstrétcho
Grand	grande	granndé
Lacet	un cordón	kordonn
Large	ancho	anntcho
Noir	negro	nègro
Paire	un par	par
Petit	pequeño	pékègno
Pointure	el número	nouméro
Recoudre	coser	kossér
Ressemelage	cambio de suela	kambio dè souéla
Rouge	rojo	rro'rho
Sandales	unas sandalias	sanndaliass
Semelle	una suela	souéla
Talon	un tacón	takonn
	(AmL : una tapilla)	tapiya
Tissu, toile	tela, lona	téla, lona
Vernis	un barniz	barniç
Vert	verde	vèrdé

chaussures, cordonnier

coiffeur

COIFFEUR
peluquero (peloukéro)

POUR DAMES
para señoras (para ségnorass)
POUR HOMMES
para caballeros (para kabayéross)

Pouvez-vous m'indiquer un salon de coiffure ?
> *¿Puede usted indicarme una peluquería?*
> *¿pouédé oustéd inndikarmé ouna péloukéria?*

Faites-moi des boucles... des ondulations.
> *Hágame rizos... ondulaciones.*
> *agamé rriçoss... onndoulaçionéss.*

Je voudrais une coloration en brun... châtain... noir...
roux... une décoloration.
> *Quisiera un tinte moreno... castaño... negro...*
> *pelirrojo... una decoloración.*
> *kissièra ounn tinnté moréno... kastagno... négro...*
> *pélirro'rho... ouna dékoloraçionn.*

Combien vous dois-je ?
> *¿Cuánto le debo?*
> *¿kouannto lé débo?*

Ne coupez pas trop court.
> *No corte demasiado corto.*
> *no korté démassiado korto.*

L'eau est trop chaude... trop froide.
> *El agua está demasiado caliente... demasiado fría.*
> *èl agoua èsta démassiado kaliènnté... démassiado fria.*

Avez-vous une manucure ?
> *¿Tiene usted una manicura?*
> *¿tiéné oustéd ouna manikoura?*

Je **ne veux pas** de gel... ni de laque.
No quiero gel... ni laca.
no kièro rhèl... ni laka.

Quel est le **prix** d'une coupe... d'une mise en plis... d'une permanente ?
¿Cuánto vale un corte... un marcado (peinado)... una permanente?
¿kouannto valè ounn kortè... ounn markado (pèinado)... ouna pèrmanènntè?

Je voudrais me faire **raser**.
Quisiera que me afeitaran.
kissièra kè mè afèitarann.

Je voudrais un **rendez-vous**.
Quisiera pedir hora.
kissièra pèdir ora.

Faites-moi un **shampooing**... un brushing.
Hágame un lavado... un brushing.
agamè ounn lavado... ounn brashing.

coiffeur

VOCABULAIRE

Blond	rubio	rroubio
	(Mex : güero)	gouèro
Boucles	rizos	rriçoss
Brun	pardo, moreno	pardo, morèno
Brushing	brushing	brashing
Casque	el secador	sèkador
Châtain	castaño	kastagno
Cheveux	el pelo	pèlo
– gras	– – graso	– grasso
	(AmL : – – grasoso)	– grassosso
– raides	– – liso	– lisso
– secs	– – seco	– sèko
Chignon	un moño	mogno
Ciseaux	las tijeras	ti'rhèrass
Clair	claro	klaro
Coupe	un corte	kortè
Derrière	atrás	atrass
Devant	adelante	adèlanntè
Foncé	obscuro	obskouro
Frange	el flequillo	flèkiyo
	(AmL : la chasquilla)	tchaskiya
Friction	una fricción	frikçionn

coiffeur

Front	la frente	frènntè
Laque	la laca, el fijador	laka, fi'rhador
Long	largo	largo
Manucure	la manicura	manikoura
Mèche	una mecha	mètcha
Mise en plis	un marcado	markado
	(AmL : un peinado)	pèinado
Nacré	nacarado	nakarado
Nuance	un matiz, tinte	matiç, tinntè
Nuque	la nuca	nouka
Ondulations	ondulaciones	onndoulaçionèss
Oreilles	las orejas	orè'rhass
Pédicure	el pedicuro	pèdikouro
Peigne	un peine	pèinè
	(AmL : una peineta)	pèinèta
Permanente	una permanente	pèrmanènntè
Perruque	una peluca	pèlouka
Poil	un pelo, vello	pèlo, vèyo
Raie	la raya	rraya
Raser	afeitar	afèitar
Rasoir	una máquina de afeitar	makina dè afèitar
Retouche	un retoque	rrètokè
Savon	el jabón	rhabonn
Séchoir	el secador de pelo	sèkador dè pèlo
Shampooing	el champú	tchampou
Teinture	una tintura	tinntoura

CRÉMERIE
lechería (lètchèria)

crémerie

VOCABULAIRE

Beurre doux	la mantequilla	manntèkiya
	(*Arg* : la manteca)	manntèka
– salé	– – salada	– salada
Bouteille	una botella	botèya
Crème	la crema	krèma
Frais	fresco	frèsko
Fromage blanc	el queso fresco	èl kèsso frèsko
– français	– – francés	– frannçèss
– local	– – local	– lokal
– râpé	– – rallado	– rayado
Lait écrémé	la leche descremada	lètchè dèskrèmada
– entier	– – entera	– ènntèra
– pasteurisé	– – pasteurizada	– pastèouriçada
Litre de...	un litro de...	litro dè...
Œufs	unos huevos	ouèvoss
– (douzaine d')	una docena de...	doçèna dè...
Yoghourt	un yogur	yogour

ÉPICERIE / BOISSONS
tienda de comestibles
(tiènnda dè koméstiblèss)
bebidas (bébidass)

VOCABULAIRE

Apéritif	un aperitivo	apéritivo
Biscotte	pan tostado, biscotte	pann tostado, biskot
Biscuit	una galleta	gayèta
Boîte de carottes	una lata de zanahorias	lata dè çanaoriass
– de haricots en grains	– – de judías	– dè rhoudiass
	(*Mex :* – – de frijoles)	– dè fri'rholèss
	(*AmL :* – – de porotos)	– dè porotoss
– de haricots verts	– – de judías verdes	– dè rhoudiass vèrdèss
– de lentilles	– – de lentejas	– dè lènnté'rhass
– de petits pois	– – de guisantes	– dè guissanntèss
	(*AmL :* – – de arvejas)	– dè arvè'rhass
Bouchon	un corcho, tapón	kortcho, taponn
Bouteille	una botella	botèya
Café	café	kafé
Carton	una caja de cartón	ka'rha dè kartonn
Chocolat en poudre	chocolate en polvo	tchokolaté ènn polvo
– en tablette	una tableta de chocolate	tablèta dé...
Confiture	mermelada	mèrmélada
Eau minérale gazeuse	agua mineral gaseosa	agoua minéral gasséossa
– – plate	– – sin gas	– – sinn gass
Eau-de-vie	el aguardiente	aguardiènnté
	(*Pér :* el pisco)	pisko
Épices	las especias, los aliños	éspéçiass, alignoss
Huile	el aceite	açèité
Jus de fruits	un zumo de fruta	çoumo dè frouta
	(*AmL :* un jugo de fruta)	rhougo dè frouta
Lait	la leche	lètchè
– en poudre	– – en polvo	– ènn polvo
Limonade	la limonada	limonada
Miel	la miel	mièl
Moutarde	la mostaza	mostaça
Panier	una cesta	çèsta
	(*AmL :* un canasto)	kanasto
Pâtes	los tallarines	tayarinèss
	(*AmL :* los fideos)	fidéoss

Poivre	la pimienta	pimiénnta
Potage	una sopa	sopa
Riz	el arroz	arroç
Sac	una bolsa	bolsa
Sachet	un sobre	sobrè
Sel	la sal	sal
Sucre en morceaux	el azúcar (en terrones)	açoukar ènn tèrronéss
– en poudre	– – en polvo	– ènn polvo
Thé	el té	tè
– noir	– – negro	– nègro
– vert	– – verde	– vèrdè
Vin	el vino	vino
– blanc	– – blanco	– blannko
– rouge	– – tinto	– tinnto
Vinaigre	el vinagre	vinagrè

épicerie, boissons

FLEURISTE
florista (florista)

Où puis-je trouver un fleuriste ?
¿Dónde puedo encontrar un florista?
¿donndè pouèdo ènnkonntrar ounn florista?

Faites-moi un bouquet de fleurs de saison.
Hágame un ramo de flores de estación.
agamè ounn rramo dè florèss dè èstaçionn.

Pouvez-vous les envoyer à l'adresse suivante ?
¿Puede usted enviarlas a esta dirección?
¿pouèdè oustèd ènnviarlass a èsta dirèkçionn?

Avez-vous des fleurs meilleur marché ?
¿Tiene usted flores más baratas?
¿tiènè oustèd florèss mass baratass?

Moins chères... moins grandes.
Menos caras... menos grandes.
mènoss karass... mènoss granndèss.

Raccourcissez les tiges, s'il vous plaît.
Corte un poco los tallos, por favor.
kortè ounn poko loss tayoss, por favor.

VOCABULAIRE

Bouquet	un ramo, ramillete	rramo, rramiyètè
Corbeille (de fleurs)	un canastillo	kanastiyo
Douzaine	una docena	doçèna
Demi-douzaine	una media docena	mèdia doçèna
Feuillage	el follaje	foya'rhè
Feuille	una hoja	o'rha
Fleurs	las flores	florèss
Gerbe	un ramo	rramo
Mélange	un surtido	sourtido
Plante verte	una planta	plannta
Quelques fleurs	algunas flores	algounass florèss
Tige	el tallo	tayo
Vase	un florero	florèro

FRUITS ET LÉGUMES
frutas y verduras
(froutass i **vérdou**rass**)**

Moins cher... **moins** mûrs.
Menos caro... menos maduros.
mènoss **ka**ro... **mè**noss ma**dou**ross.

Plus grand... **plus** petit.
Más grande... más pequeño.
más **grann**dè*... mass* pé**kè**gno.

VOCABULAIRE

Abricot	un albaricoque	albariko**kè**
	(*AmL* : un damasco) —	da**mas**ko
Ail	el ajo	a'**rho**
Ananas	una piña, un ananás —	**pi**gna, ana**nass**
Artichaut	una alcachofa	alkat**cho**fa
Asperge	un espárrago	**és**parrago
Aubergine	una berenjena	bé**rènn**'r**hè**na
Avocat	un aguacate	agoua**ka**tè
	(*AmL* : una palta) —	**pal**ta
Banane	un plátano	**pla**tano
Betterave	una remolacha	rré**mo**latcha
Brocoli	un brocoli	**bro**koli
Carotte	una zanahoria	çana**o**ria
Cerise	una cereza	çé**rè**ça
	(*AmL* : una guinda)—	**guinn**da
Champignon	una seta, un champiñon	**sè**ta, tchampig**nonn**
Chicorée	una achicoria	atchi**ko**ria
Chou	una col	**kol**
Chou-fleur	una coliflor	koli**flor**
Citron	un limón	li**monn**
Concombre	un pepino	**pè**pino
Courgette	un calabacín	kalaba**çinn**
Endive	una endibia	**ènn**dibia
Épinards	las espinacas	éspi**na**kass
Figue	un higo	**i**go
Fines herbes	las finas hierbas	**fi**nass **yèr**bass
Frais	natural, fresco	na**tou**ral, **frès**ko
Fraise	una fresa	**frès**sa
	(*AmL* : una frutilla)—	frou**ti**ya

fruits et légumes

Français	Espagnol	Prononciation
Framboise	una frambuesa	frambouèssa
Groseille	una grosella	grossèya
Haricots en grains	las judías	rhoudiass
	(*Mex* : los frijoles)	fri'rholèss
	(*AmL* : los porotos)	porotoss
– verts	las judías verdes	rhoudiass vèrdèss
	(*Mex* : los ejotes)	é'rhotèss
	(*AmL* : los porotos verdes)	porotoss vèrdèss
Laitue	una lechuga	lètchouga
Lentilles	las lentejas	lènntè'rhass
Mandarine	una mandarina	manndarina
Melon	un melón	mèlonn
Mirabelle	una ciruela mirabel	çirouèla mirabèl
Mûr	maduro	madouro
Mûre	una mora	mora
Myrtille	un mirtillo	mirtiyo
Navet	un nabo	nabo
Noix	una nuez	nouèç
Oignon	una cebolla	çéboya
Orange	una naranja	narann'rha
Pamplemousse	un pomelo	pomèlo
	(*Mex* : una toronja)	toronn'rha
Pêche	un melocotón	mèlokotonn
	(*AmL* : un durazno)	douraçno
Persil	el perejil	pèrè'rhil
Petits pois	los guisantes	guissanntèss
	(*AmL* : las arvejas)	arvè'rhass
Pois chiches	los garbanzos	garbannçoss
Poireau	un puerro	pouèrro
Poivron	un pimiento morrón	pimiènnto morronn
Pomme	una manzana	mannçana
Pomme de terre	una patata	patata
	(*AmL* : una papa)	papa
Prune	una ciruela	çirouèla
Radis	un rábano	rrabano
Raisin	la uva	ouva
Tomate	un tomate	tomatè
	(*Mex* : un jitomate)	rhitomatè

HABILLEMENT
ropa (rropa)

Où peut-on trouver un magasin de prêt-à-porter ?
¿Dónde se puede encontrar una tienda de confecciones?
¿donndè sè pouèdè ènnkonntrar ouna tiènnda dè konnfèkçionèss?

**Je voudrais un costume coupé suivant ce modèle...
dans ce tissu.**
*Quisiera un traje cortado según este modelo...
en esta tela.*
*kissièra ounn tra'rhè kortado sègounn èstè modèlo...
ènn èsta tèla.*

Auriez-vous le même modèle dans une autre couleur ?
¿Tendría usted el mismo modelo en otro color?
¿tènndria oustèd èl mismo modèlo ènn otro kolor?

Puis-je essayer... échanger ?
¿Puedo probarme... cambiar?
¿pouèdo probarmè... kambiar?

Cette chemise est étroite.
Esta camisa me queda estrecha.
èsta kamissa mè kèda èstrètcha.

Prenez mes mesures, s'il vous plaît.
Tome mis medidas, por favor.
tomè miss mèdidass, por favor.

Pouvez-vous me montrer autre chose ?
¿Puede usted enseñarme otra cosa?
¿pouèdè oustèd ènnsègnarmè otra kossa?

Quel type de nettoyage conseillez-vous ?
¿Qué tipo de limpieza me recomienda usted?
¿kè tipo dè limpièça mè rrèkomiènnda oustèd?

Plus grand... plus petit.
Más grande... más pequeño.
mass granndè... mass pèkègno.

habillement

Il faudrait **raccourcir** les manches.
Habría que acortar las mangas.
abria kè akortar lass manngass.

Ce pantalon ne **tombe** pas bien.
Este pantalón no cae bien.
èstè panntalonn no kaè biènn.

VOCABULAIRE

Anorak	un anorak	anorak
	(*AmL* : una parca)	parka
Bas	una media	mèdia
Beige	beige	bèige
Blanc	blanco	blannko
Bleu ciel	azul celeste	açoul çélèstè
– marine	– marino	– marino
Blouson	una cazadora	kaçadora
	(*Mex* : un saco sport)	sako èspor
	(*AmL* : una chaqueta	tchakèta èspor
	sport)	
Bonnet	un gorro	gorro
Bouton	un botón	botonn
Bretelles	los tirantes	tiranntèss
	(*AmL* : los suspensores)	souspènnsorèss
Caleçons	los calzoncillos	kalçonnçiyoss
Casquette	una gorra	gorra
Ceinture	un cinturón	çinntouronn
Centimètre	un centímetro	çènntimètro
Chapeau	un sombrero	sombrèro
Chaussette	un calcetín	kalçétinn
Chemise	una camisa	kamissa
Chemisier	un camisero	kamissèro
Clair	claro	klaro
Col	el cuello	kouèyo
Collant	un leotardo	léotardo
	(*AmL* : los pantis)	panntiss
Complet	un traje	tra'rhè
Coton	el algodón	algodonn
Couleur	el color	kolor
Couper	cortar	kortar
Court	corto	korto
Cravate	una corbata	korbata
Cuir	cuero	kouèro
– (manteau de)	un abrigo de cuero	abrigo dè kouèro
Culottes	unas bragas	bragass
	(*Mex* : unas pantaletas)	panntalètass
	(*AmL* : unos calzones)	kalçonèss

habillement

Doublure	el forro	forro
Écharpe	una bufanda	boufannda
Emmanchure	la sisa	sissa
Épingle	un alfiler	alfilèr
Épingle de sûreté	un imperdible	impèrdiblè
	(AmL : un alfiler de gancho)	alfilèr dè ganntcho
Essayer	probar	probar
Étroit	estrecho	èstrètcho
Fabrication locale	fabricación local	fabrikaçionn lokal
Facile à entretenir	fácil de limpiar	façil dè limpiar
Fait à la main	hecho a mano	ètcho a mano
Fermeture à glissière	una cremallera	krèmayèra
	(AmL : un cierre éclair)	cièrrè éclèr
Feutre	un sombrero de fieltro	sombrèro dè fièltro
Fil à coudre	el hilo de coser	ilo dè kossèr
Foncé	obscuro	obskouro
Foulard	una pañoleta	pagnolèta
	(Mex : una mascada)	maskada
	(AmL : un pañuelo de cuello)	pagnouèlo dè kouèyo
Gants	unos guantes	gouanntèss
Gant de toilette	un guante	gouanntè
Garanti	garantizado	garanntiçado
Grand	grande	granndè
Grand teint	colores sólidos	kolorèss solidoss
Gris	gris	griss
Habit	una prenda de vestir	prènnda dè vèstir
Imperméable	un impermeable	impèrméablè
Infroissable	inarrugable	inarrougablè
Jaune	amarillo	amariyo
Jupe	una falda	falda
Laine	la lana	lana
Lavable à la machine	lavable a máquina	lavablè a makina
Lavage à la main	el lavado a mano	lavado a mano
Léger	ligero	li'rhèro
	(AmL : liviano)	liviano
Lingerie	la ropa interior	rropa inntèrior
Long	largo	largo
Lourd	pesado	pèssado
Maillot de bain	un traje de baño	tra'rhè dè bagno
– de corps	una camiseta	kamissèta
Manche	una manga	mannga
Manteau	un abrigo	abrigo
Marron	marrón	marronn
	(AmL : café)	kafè
Mesure	una medida	mèdida

habillement

Français	Espagnol	Prononciation
Mètre	un metro	mètro
Mode (à la)	a la moda	a la moda
Mouchoir	un pañuelo	pagnouèlo
Nettoyer	limpiar	limpiar
Noir	negro	nègro
Pantalon	un pantalón	panntalonn
Parapluie	un paraguas	paragouass
Poche	un bolsillo	bolsiyo
Prêt-à-porter	la ropa de confección	rropa dè konnfèkçionn
Pull-over	un jersey	rhèrsèï
	(*AmL :* un suéter, pulover)	souètèr, poulovèr
Pyjama	un pijama	pi'rhama
Qualité	la calidad	kalidad
Rayé	rayado	rrayado
Repassage	el planchado	planntchado
Rétrécir	estrechar	èstrètchar
Rose	rosa	rrossa
Rouge	rojo	rro'rho
Serviette de toilette	una toalla	toaya
Short	un short	short
Slip	un slip	slip
Soie	la seda	sèda
Sous-vêtements	la ropa interior	rropa inntèrior
Soutien-gorge	un sostén	sostènn
	(*Mex :* un brassiere)	brassièr
Survêtement	un chandal	tchanndal
	(*AmL :* un buzo)	bouço
Taille	la talla	taya
Tailleur	un traje sastre	trarhè sastrè
Teinte	el tono	tono
Tissu à carreaux	una tela de cuadros	tèla dè kouadross
– imprimé	– – estampada	– èstampada
– à pois	– – de lunares	– dè lounarèss
– à rayures	– – rayada	– rayada
– uni	– – lisa	– lissa
Toile	una tela	tèla
Velours	el terciopelo	tèrçiopèlo
Veste	una chaqueta	tchakèta
	(*Mex :* un saco)	sako
Vêtements	la ropa	rropa
Vert	verde	vèrdè

OPTICIEN
óptico (optiko)

S'il vous plaît, pouvez-vous m'indiquer un opticien ?
¿Por favor, podría usted indicarme un óptico?
¿por favor, podria oustèd inndikarmè ounn optiko?

Pouvez-vous remplacer ces verres... les branches ?
¿Puede usted cambiar estos cristales... las patillas?
¿pouèdè oustèd kambiar èstoss kristalèss...
lass patiyass?

Je n'ai pas la formule.
No tengo la fórmula.
no tènngo la formoula.

J'ai perdu mes lentilles de contact.
He perdido mis lentes de contacto.
è pèrdido miss lènntèss dè konntakto.

J'ai cassé mes lunettes. Pouvez-vous les remplacer... avec ou sans ordonnance ?
Se me han roto las gafas. ¿Puede usted hacerme otras... con o sin receta?
sè mè ann rroto lass gafass. ¿pouèdè oustèd açèrmè otrass... konn o sinn rrèçèta?

Je voudrais des lunettes de soleil... antireflets.
Quisiera gafas de sol... anti-reflejos.
kissièra gafass dè sol... annti-rrèflè'rhoss.

Quand pourrai-je les reprendre ?
¿Cuándo puedo venir a buscarlas?
¿kouanndo pouèdo vènir a bouskarlass?

Je porte des verres teintés.
Uso cristales ahumados.
ousso kristalèss aoumadoss.

opticien

VOCABULAIRE

Astigmate	astigmático	astigmatiko
Branche	una patilla	patiya
Étui	un estuche	éstoutché
	(*AmL* : una funda)	founnda
Hypermétrope	hipermétrope	ipèrmétropè
Jumelles	unos prismáticos	prismatikoss
Liquide pour lentilles de contact	un líquido para los lentes de contacto	likido para lènntèss dè konntakto
Longue-vue	larga vista	larga vista
Loupe	una lupa	loupa
Lunettes	las gafas	gafass
	(*AmL* : los anteojos)	anntéo'rhoss
– de soleil	– – de sol	– dè sol
Myope	miope	miopè
Presbyte	présbite	prèsbitè
Verre(s)	el (los) cristal(es)	kristal(èss)
– de contact	los lentes de contacto	lènntèss dè konntakto
– teintés	unos cristales ahumados	kristalèss aoumadoss
Vis	un tornillo	torniyo

PAPETERIE / LIBRAIRIE
papelería (papéléria) / *librería* (libréria)

Y a-t-il un magasin d'articles de papeterie ?
¿Hay alguna tienda de artículos de papelería?
¿aï algouna tiènnda dè artikouloss dè papéléria?

Vendez-vous des livres en français ?
¿Vende usted libros en francés?
¿vènndè oustèd libross ènn frannçèss?

Je voudrais un guide touristique de la région.
Quisiera una guía turística de la región.
kissièra ouna guia touristika dè la rrè'rhionn.

Existe-t-il une histoire de la région en français ?
¿Existe alguna historia de la región en francés?
¿èksistè algouna istoria dè la rrè'rhionn
   ènn frannçèss?

Recevez-vous les journaux français ?
¿Recibe usted los periódicos franceses?
¿rrèçibè oustèd loss pèriodikoss frannçèssèss?

Faites-vous des photocopies ?
¿Hace usted fotocopias?
¿açè oustèd fotokopiass?

VOCABULAIRE

Agenda	una agenda	a'rhènnda
Bloc-notes	un bloc de apuntes	blok dè apounntèss
Boîte de peinture	una caja de pintura	ka'rha dè pinntoura
Bouteille d'encre	una botella, un frasco de tinta	botèya, frasko dè tinnta
Brochure	un folleto	foyèto
Cahier	un cuaderno	kouadèrno
Calculatrice	una calculadora	kalkouladora
Calendrier	un calendario	kalènndario
Carnet	una libreta	librèta
– d'adresses	– de direcciones	– dè dirèkçionèss
Carte géographique	un mapa geográfico	mapa rhèografiko
– routière	– – de carreteras	– dè karrétèrass
– touristique	– – turístico	– touristiko
Cartes à jouer	unos naipes, unas cartas	naïpèss, kartass

papeterie, librairie

– postales	unas tarjetas postales	tar'rhétass postaléss
– de vœux	– – de Navidad	– dè navidad
Cartouche	una carga, un repuesto	karga, rrèpouèsto
Ciseaux	unas tijeras	ti'rhèrass
Colle	un pegamento	pégaménnto
Crayon noir	un lápiz negro	lapiç négro
– de couleur	– – de color	– dè kolor
Dictionnaire de poche	un diccionario de bolsillo	dikçionario dè bolsiyo
Édition	una edición	édiçionn
Élastiques	unos elásticos	élastikoss
Encre	la tinta	tinnta
Enveloppe	un sobre	sobrè
Étiquettes	unas etiquetas	étikétass
– adhésives	– – adhesivas	– adéssivass
Exemplaire	un ejemplar	é'rhémplar
Feuille	una hoja	o'rha
Ficelle	una cuerda	kouèrda
Format	el formato	formato
Gomme	una goma	goma
Grammaire	una gramática	gramatika
Guide touristique	una guía turística	guia touristika
– en français	– – en francés	– énn frannçèss
Hebdomadaire	un semanario	sémanario
Journal	un periódico	périodiko
– local	– – local	– lokal
	(AmL : un diario local)	diario lokal
Livre d'art	un libro de arte	libro dé arté
– de poche	– – de bolsillo	– dè bolsiyo
– pour enfants	– – para niños	– para nignoss
Magazine	una revista	rrévista
Papier	papel	papèl
– cadeau	– de regalo	– dé rrègalo
– collant	– adhesivo	– adéssivo
– d'emballage	– de envolver	– énnvolvèr
– à lettres	– de carta	– dè karta
– machine	– de máquina	– dé makina
Pile	una pila	pila
Pinceau	un pincel	pinnçèl
Plan de la ville	un plano de la ciudad	plano dè la çioudad
Plume	una pluma	plouma
Recharge	un recambio, repuesto	rrékambio, rrèpouèsto
Règle	una regla	rrégla
Roman	una novela	novéla
Stylo bille	un bolígrafo	boligrafo
– feutre	un rotulador	rrotouladòr
– plume	una estilográfica	éstilografika
Taille-crayon	un sacapuntas	sakapounntass

PARFUMERIE / HYGIÈNE
perfumería (pèrfoumèria)
higiene (i'rhènè)

Y a-t-il une parfumerie dans le quartier, s'il vous plaît ?
¿Hay alguna perfumería en el barrio, por favor?
¿aï algouna pèrfoumèria ènn èl barrio, por favor?

Je cherche une brosse plus souple.
Quisiera un cepillo más suave.
kissièra ounn çèpiyo mass souavè.

Puis-je essayer ce vernis à ongles ?
¿Puedo probar este esmalte para uñas?
¿pouèdo probar èstè èsmaltè para ougnass?

Je préférerais un parfum plus léger.
Preferiría un perfume más suave.
prèfèriria ounn pèrfoumè mass souavè.

Pourrais-je sentir ce parfum ?
¿Me permite oler este perfume?
¿mè pèrmitè olèr èstè pèrfoumè?

VOCABULAIRE

Blaireau	una brocha de afeitar	brotcha dè afeitar
Brosse à cheveux	un cepillo para el pelo	çèpiyo para èl pèlo
– à dents	– – de dientes	– dè diènntèss
	(AmL : una escobilla de dientes)	èskobiya dè diènntèss
– à ongles	– – para las uñas	– para lass ougnass
	(AmL : una escobilla para las uñas)	èskobiya para lass ougnass
Cheveux gras	cabello graso	kabèyo grasso
– secs	– seco	– sèko
Coton	el algodón	algodonn
Cotons tiges	bastoncitos de algodón	bastonnçitoss dè algodonn
Couleur	el color	kolor
Crayon pour les yeux	un lápiz de ojos	lapiç dè o'rhoss
Crème hydratante	una crema hidratante	krèma hidratanntè
– de jour	– – de día	– dè dia
– de nuit	– – de noche	– dè notchè

parfumerie, hygiène

Français	Espagnol	Prononciation
– pour les mains	– – para las manos	– para lass manoss
– à raser	– – de afeitar	– dè aféitar
– solaire	– – solar	– solar
Démaquiller	desmaquillar	dèsmakiyar
Dentifrice	una pasta de dientes	pasta dé diènntèss
Déodorant	un desodorante	dèssodorannté
Dissolvant	un quitaesmalte	kitaèsmalté
Eau de Cologne	un agua de Colonia	agoua dé kolonia
– de toilette	– – de olor	– dè olor
Épingle de sûreté	un imperdible	impèrdiblé
	(AmL : un alfiler de gancho)	alfilèr dè ganntcho
– à cheveux	una horquilla	orkiya
Éponge	una esponja	èsponn'rha
Fard à paupières	una sombra para los ojos	sombra para loss o'rhoss
Flacon	un frasco	frasko
Foncé	obscuro	obskouro
Fond de teint	una base de maquillage	bassé dé makiya'rhé
Gant de crin	un guante de crin	gouannté dé krinn
– de toilette	un guante	gouannté
Gel	un gel	rhèl
Huile solaire	un aceite solar	açéité solar
Incolore	incoloro	innkoloro
Inodore	inodoro	inodoro
Lait démaquillant	una leche desmaquilladora	lètché dèsmakiyadora
Lames de rasoir	unas hojas de afeitar	o'rhass dè aféitar
Laque	una laca	laka
Léger (parfum)	suave	souavé
Lime à ongles	una lima para uñas	lima para ougnass
Lotion	una loción	loçionn
Lourd	pesado	péssado
Maquiller	maquillar	makiyar
Mascara	el rimel	rrimèl
Masque	una máscara	maskara
Mouchoirs en papier	unos pañuelos de papel	pagnouèloss dè papèl
Mousse à raser	la espuma de afeitar	èspouma dè aféitar
Papier hygiénique	papel higiénico	papèl i'rhèniko
Parfum	un perfume	pèrfoumé
Peau grasse	piel grasa	pièl grassa
– sèche	– seca	– sèka
– sensible	– sensible	– sènnsiblé
Peigne	un peine	péiné
	(AmL : una peineta)	péinèta
Pinceau	un pincel	pinnçèl
Pinces à épiler	unas pinzas	pinnçass

Pommade pour les lèvres	una pomada para labios	pomada para labioss
Poudre	un polvo	polvo
Poudrier	una polvera	polvèra
Rasoir	una máquina de afeitar	makina dè afèitar
– à lames	una maquinilla de afeitar	makiniya dè afèitar
Rouge à lèvres	un lápiz labial	lapiç labial
Savon	un jabón	rhabonn
Sec	seco	sèko
Serviette hygiénique	un paño higiénico	pagno i'rhèniko
– de bain	una toalla de baño	toaya dè bagno
– de toilette	una toalla	toaya
Shampooing	un champú	tchampou
Talc	un talco	talko
Tampon	un tampón	tamponn
Teinte	un tinte	tinntè
Trousse de toilette	un neceser de aseo	nèçèssèr dè assèo
Tube	un tubo	toubo
Vaporisateur	un vaporizador	vaporiçador
Vernis à ongles	un esmalte para uñas	èsmaltè para ougnass

parfumerie, hygiène

PHOTOGRAPHIE
fotografía (fotografia)

photographie

S'il vous plaît, pouvez-vous m'indiquer un magasin de photos ?
Por favor, ¿puede usted indicarme una tienda de artículos fotográficos?
por favor, ¿pouèdè oustèd inndikarmè ouna tiènnda dè artikouloss fotografikoss?

Pouvez-vous me donner le certificat d'origine ?
¿Puede usted darme el certificado de origen?
¿pouèdè oustèd darmè èl çèrtifikado dè ori'rhènn?

La pellicule est coincée.
La película está atascada.
la pèlikoula èsta ataskada.

En combien de temps pouvez-vous développer ce film ?
¿Cuánto tiempo necesita usted para revelar esta película?
¿kouannto tièmpo nèçèssita oustèd para rrèvèlar èsta pèlikoula?

Quels sont les droits de douane à payer ?
¿Cuánto hay que pagar de derechos de aduana?
¿kouannto aï kè pagar dè dèrètchoss dè adouana?

J'ai des ennuis avec...
Tengo problemas con...
tènngo problèmass konn...

La cellule ne fonctionne pas.
La célula no funciona.
la çèloula no founnçiona.

L'appareil est tombé.
Se me ha caído la cámara.
sè mè a kaïdo la kamara.

VOCABULAIRE

| Agrandissement | una ampliación | ampliaçionn |
| Ampoules-flash | una bombilla de flash | bombiya dè flash |

photographie

Français	Espagnol	Prononciation
Appareil	una cámara	kamara
	(AmL : una máquina)	makina
Bague de réglage	el anillo de enfoque	aniyo dė ėnnfokė
Bobine	una película, un rollo	pėlikoula, rroyo
Boîtier	la caja	ka'rha
Brillant	brillante	briyanntė
Capuchon	el capuchón	kapoutchonn
Cellule	la célula	cėloula
Clair	claro	klaro
Compteur	el contador	konntador
Contrasté	contrastado	konntrastado
Déclencheur	el disparador	disparador
Développement	el revelado	rrėvėlado
Diaphragme	el diafragma	diafragma
Diapositive	una diapositiva	diapossitiva
Épreuve	una prueba	prouėba
Film noir et blanc	película blanco y negro	pėlikoula blannko i nėgro
– couleurs pour papier	– en color para papel	– ėnn kolor para papėl
Filtre jaune	un filtro amarillo	filtro amariyo
– orange	– – naranja	– narann'rha
– rouge	– – rojo	– rro'rho
Format	el formato	formato
Glacé	glaseado, brillante	glassėado, briyanntė
Grain fin	de grano fino	dė grano fino
Identité (photo d')	una foto de identidad	foto dė idėnntidad
Lumière artificielle	la luz artificial	louç artificial
– du jour	– – del día	– dėl dia
Marges (avec, sans)	con (sin) márgenes, marcos	konn (sinn) mar'rhėnėss, markoss
Mat	mate	matė
Négatif	un negativo	nėgativo
Objectif	el objetivo	ob'rhėtivo
Obturateur	el obturador	obtourador
Papier	el papel	papėl
Pied	un pie	piė
Pile	una pila	pila
Poses (20)	veinte exposiciones	vėinntė ėkspossiçionėss
Rapide	rápido	rrapido
Recharger	cargar	kargar
Rembobiner	enrollar	ėnnrroyar
Réparation	un arreglo	arrėglo
Sensible	sensible	sėnnsiblė
Sombre	obscuro	obskouro
Télémètre	el telémetro	tėlėmėtro
Tirage	una copia	kopia
Viseur	el visor	vissor

poissonnerie

POISSONNERIE
pescadería (*pèskadèria*)

Moins cher... **moins** gros.
Menos caro... menos grande.
mènoss karo... mènoss granndè.

Plus grand... **plus** petit.
Más grande... más pequeño.
mass granndè... mass pèkègno.

Avez-vous un **poisson** meilleur marché ?
¿Tiene usted algún pescado más barato?
¿tiènè oustèd algounn pèskado mass barato?

VOCABULAIRE

Français	Espagnol	Prononciation
Anchois	las anchoas	anntchoass
Anguilles	las anguilas	annguilass
Araignée de mer	la centolla	çènntoya
Bar	el robalo	rrobalo
Brochet	el lucio	louçio
Cabillaud	el bacalao fresco	bakalao frèsko
Calmars	los calamares	kalamarèss
Carpe	la carpa	karpa
Carrelet	la platija	plati'rha
Colin	la merluza	mèrlouça
Congre	el congrio	konngrio
Coquilles Saint-Jacques	las vieiras	vièirass
	(*Chi* : los ostiones)	ostionèss
Crabe	el cangrejo de mar	kanngrè'rho dè mar
	(*Chi* : la jaiva)	rhaïva
Crevettes	las gambas	gambass
	(*AmL* : los camarones)	kamaronèss
Crustacés	los crustáceos	kroustaçèoss
Daurade	el besugo	bèssougo
Écrevisse	el cangrejo de río	kanngrè'rho dè rrio
	(*Chi* : el camarón de río)	kamaronn dè rrio
Filet	un filete	filètè
Fruits de mer	los mariscos	mariskoss
Fumé	ahumado	aoumado
Hareng	el arenque	arènnkè
Homard	el bogavante	bogavanntè

Huîtres	las ostras	ostrass
	(*Mex* : los ostiones)	ostionèss
Langouste	la langosta	lanngosta
Langoustines	los langostinos	lanngostinoss
Maquereau	la caballa	kabaya
Mariné	escabechado	èskabètchado
Merlan	la pescadilla	pèskadiya
Morue	el bacalao	bakalao
Moules	los mejillones	mé'rhiyonèss
	(*Chi* : los choritos)	tchoritoss
Oursins	los erizos	èriçoss
Perche	la perca	pèrka
Poisson	el pescado	pèskado
Sardines	las sardinas	sardinass
Saumon	el salmón	salmonn
Sole	el lenguado	lènngouado
Thon	el atún	atounn
Tranche de...	una tajada de...	ta'rhada dè
Truite	la trucha	troutcha
Turbot	el rodaballo	rrodabayo

POSTE / TÉLÉPHONE
correos (korrèoss) / *telèfono* (tèlèfono)

poste, téléphone

Où est le bureau de poste... la boîte aux lettres ?
¿Dónde está la oficina de correos... el buzón?
¿donndè èsta la ofiçina dè korrèoss... èl bouçonn?

Allô ! Je voudrais parler à...
¡Oiga (aló)! quisiera hablar con...
¡oïga (alo)! kissièra ablar konn...

Quand arrivera cette lettre ?
¿Cuándo llegará esta carta?
¿kouanndo yègara èsta karta?

La communication a été coupée.
Se ha cortado la comunicación.
sè a kortado la komounikaçionn.

Votre correspondant ne répond pas.
No contestan.
no konntèstann.

Avez-vous du courrier pour moi ?
¿Tiene usted correo para mí?
¿tiènè oustèd korrèo para mi?

Combien cela coûte-t-il ?
¿Cuánto vale ésto?
¿kouannto valè èsto?

Je voudrais envoyer...
Quisiera enviar...
kissièra ènnviar...

Dois-je remplir un formulaire ?
¿Tengo que llenar un formulario?
¿tènngo kè yènar ounn formoulario?

Où est le guichet ?
¿Dónde está la ventanilla?
¿donndè èsta la vènntaniya?

À quel guichet puis-je toucher un **mandat** ?
¿En qué ventanilla puedo cobrar un giro?
¿ènn kè vènntaniya pouèdo kobrar ounn rhiro?

Pouvez-vous me faire de la **monnaie** ?
¿Puede usted darme dinero suelto?
¿pouèdè oustèd darmè dinèro souèlto?

La ligne est **occupée**.
La línea está ocupada.
la linèa èsta okoupada.

Quelles sont les heures d'**ouverture** de la poste ?
¿A qué horas está abierto el Correo?
¿a kè orass èsta abièrto èl korrèo?

Je désire envoyer un **paquet** par avion...
en express... en recommandé.
*Quisiera enviar un paquete por correo
aéreo... urgente... certificado.*
*kissièra ènnviar ounn pakètè por korrèo
aèrèo... our'rhènntè... çèrtifikado.*

La lettre **partira**-t-elle aujourd'hui ?
¿Saldrá hoy la carta?
¿saldra oï la karta?

Quel est le **tarif** par mot ?
¿Cuánto vale la palabra?
¿kouannto valè la palabra?

Quand le **télégramme** arrivera-t-il ?
¿Cuándo llegará el telegrama?
¿kouanndo yègara èl tèlègrama?

Où est le **téléphone** ?
¿Dónde está el teléfono?
¿donndè èsta èl tèlèfono?

Puis-je utiliser votre **téléphone** ?
¿Puedo usar su teléfono?
¿pouèdo oussar sou tèlèfono?

Je voudrais **téléphoner** en P.C.V... avec préavis.
Quisiera llamar con cobro revertido... con preaviso.
*kissièra yamar konn kobro rrèvèrtido... konn
prèavisso.*

poste, téléphone

poste, téléphone

À quel guichet vend-on des **timbres**... des timbres de collection ?

¿En qué ventanilla venden sellos... sellos de colección?

¿ènn kè vènntaniya vènndènn sèyoss... sèyoss dè kolèkçionn?

VOCABULAIRE

Abonné	un abonado	abonado
Adresse	la dirección	dirèkçionn
ALLÔ !	¡DIGA!	diga
	¡Oiga!	oïga
	(*Mex :* ¿bueno?)	bouèno
	(*AmL :* ¡aló!)	alo
Annuaire	la guía	guia
	(*Mex :* el directorio)	dirèktorio
Appareil	el aparato	aparato
Attendre	esperar	èspèrar
Boîte aux lettres	el buzón	bouçonn
Carte postale	una tarjeta postal	tar'rhèta postal
Colis	un paquete	pakètè
	(*AmL :* una enco-mienda)	ènnkomiènnda
Communication	una comunicación	komounikaçionn
Coupez pas (ne)	no corte	no kortè
Courrier	el correo	korrèo
Demander	pedir	pèdir
Distribution	la distribución	distribouçionn
Édition spéciale	una édición especial	èdiçionn èspèçial
Entendre	oír	oïr
Entends rien (je n')	no oigo nada	no oïgo nada
Expédier	despachar	dèspatchar
Expéditeur	el remite, remitente	rrèmitè, rrèmitènntè
Express	urgente	our'rhènntè
Facteur	el cartero	kartèro
Faux numéro	número equivocado	noumèro èkivokado
Formulaire	un formulario	formoulario
Guichet	una ventanilla	vènntaniya
INFORMATIONS	INFORMACIONES	innformaçionèss
Jeton	una ficha	fitcha
Lettre	una carta	karta
Levée	la recogida	rrèko'rhida
Ligne	una línea	linèa
Mandat	un giro	rhiro
Message	un mensaje, recado	mènnsa'rhè, rrèkado

Monnaie	dinero suelto, cambio	dinéro souélto, kambio
	(*AmL* : sencillo)	sénnçiyo
Numéro	un número	nouméro
Occupé	ocupado	okoupado
Paquets	paquetes	pakétéss
	(*AmL* : encomiendas)	ènnkomiènndass
Par avion	correo aéreo	korréo aéréo
P.C.V.	cobro revertido	kobro rrévértido
Pièce (monnaie)	una moneda	monéda
Poser (une question)	preguntar	prégounntar
Poste restante	lista de correos	lista dé korréoss
Rappeler	volver a llamar	volvér a yamar
Recommandés	certificados	çértifikadoss
Tarif	la tarifa	tarifa
Taxe	un impuesto	impouésto
Télégrammes	telegramas	télégramass
Téléphone	teléfono	téléfono
Timbres	sellos	séyoss
	(*AmL* : estampillas)	éstampiyass
Timbres de collection	sellos de colección	séyoss dé kolékçionn
Unité	una unidad	ounidad
Urgent	urgente	our'rhènnté
Urgent (très)	muy urgente	mouï our'rhènnté
Valeur déclarée	valor declarado	valor déklarado

poste, téléphone

SOUVENIRS
souvenirs (recuerdos)
souvènir (rrèkouèrdoss)

Où y a-t-il une **boutique d'artisanat** ?
¿Dónde hay alguna tienda de artesanía?
¿donndè aï algouna tiènnda dè artèssania?

Cet objet est-il **fait main** ?
¿Está hecho a mano este objeto?
¿èsta ètcho a mano èstè ob'rhèto?

Quels sont les **objets typiques** de votre région ?
¿Cuáles son los objetos típicos de su región?
¿koualèss sonn loss ob'rhètoss tipikoss dè sou rrè'rhionn?

Peut-on **visiter** l'atelier ?
¿Se puede visitar el taller?
¿sè pouèdè vissitar èl tayèr?

VOCABULAIRE

Argent	la plata	plata
Artisanat	la artesanía	artèssania
Atelier d'artiste	un taller de artista	tayèr dè artista
Bijoux	una joya, alhaja	rhoya, ala'rha
Bois	la madera	madèra
Boucles d'oreilles	unos pendientes	pènndiènntèss
	(*Mex* : unos aretes)	arètèss
	(*AmL* : unos aros)	aross
Bracelet	una pulsera,	poulsèra, braçalètè
	un brazalete	
Broderie	el bordado	bordado
Cadeau	un regalo	rrègalo
Carte postale	una tarjeta postal	tar'rhèta postal
Castagnettes	las castañuelas	kastagnouèlass
Cendrier	un cenicero	çèniçèro
Châle	un chal	tchal
Chapeau	un sombrero	sombrèro
Collier	un collar	koyar
Coton	el algodón	algodonn
Cuir	el cuero	kouèro
- repoussé	– – repujado	– rrèpou'rhado

souvenirs, artisanat

Français	Espagnol	Prononciation
– (objets en)	objetos de cuero	ob'rhétoss dé kouéro
Cuivre	el cobre	kobré
Damasquiné	damasquinado	damaskinado
Dentelle	los encajes	ènnka'rhèss
Dessin	un dibujo	dibou'rho
Écusson	un escudo	éskoudo
Émeraude	la esmeralda	ésmèralda
Éventail	un abanico	abaniko
Exposition	una exposición	èkspossiçionn
Flûte	una flauta	flaouta
– des Andes	(Pér : una quena)	kèna
Guitare	una guitarra	guitarra
Jade	el jade	rhadé
Laine	la lana	lana
Lapis-lazuli	el lapizlázuli	lapiçlaçouli
Mantille	una mantilla	manntiya
Miniatures	monumentos	monouménntoss énn
(monuments)	en miniatura	miniatoura
Obsidienne	la obsidiana	obsidiana
Onyx	el ónix	onikss
Or	el oro	oro
Osier	el mimbre	mimbré
Papier mâché	el papel maché	papèl matchè
Peinture (tableau)	una pintura, un cuadro	pinntoura, kouadro
– sur écorce	(Mex : un amate)	amaté
Poncho	un poncho	ponntcho
	(Mex : un jorongo)	rhoronngo
– ouvert devant	(Col : una ruana)	rrouana
Poterie	la alfarería	alfarèria
	(AmL : la cerámica)	çéramika
Poupée	una muñeca	mougnéka
Sandales	las sandalias	sanndaliass
	(Mex : los huaraches)	ouaratchèss
Sculpture sur bois	una escultura en madera	éskoultoura énn madèra
Spécialités locales	especialidades locales	èspèçialidadèss lokalèss
Tapis	una alfombra	alfombra
	(Mex : un tapete)	tapété
Tissage	los tejidos	té'rhidoss
Topaze	el topacio	topaçio
Turquoise	la turquesa	tourkèssa
Verre	el vidrio	vidrio
– soufflé	– – soplado	– soplado

TABAC
estanco (èstannko)

Où y a-t-il un marchand de tabac ?
¿Donde hay un estanco?
¿donndè aï ounn èstannko?

Je voudrais une **cartouche**... un paquet de **cigarettes**.
Quisiera comprar un cartón... un paquete de cigarrillos.
kissièra komprar ounn kartonn... ounn pakètè dè çigarriyoss.

VOCABULAIRE

Allumettes	unas cerillas	çèriyass
	(*AmL :* unos cerillos,	çèriyoss, fosfoross
	fósforos)	
Briquet	un mechero,	mètchèro,
	encendedor	ènnçènndèdor
Cartouche	un cartón	kartonn
Cigares	unos puros	pouross
Cigarettes blondes	unos cigarrillos rubios	çigarriyoss rroubioss
– – brunes	– – negros	– nègross
Cure-pipe	una escobilla para pipa	èskobiya para pipa
Essence	gasolina	gassolina
	(*AmL :* bencina, nafta)	bènnçina, nafta
Étui	un estuche	èstoutchè
Filtre (avec, sans)	con (sin) filtro	konn (sinn) filtro
Mèche	la mecha	mètcha
Papier à cigarettes	papel de cigarrillos	papèl dè çigarriyoss
Paquet	una cajetilla	ka'rhètiya
Pierre à briquet	una piedra de mechero,	pièdra dè mètchèro,
	de encendedor	dè ènnçènndèdor
Pipe	una pipa	pipa
Recharge de gaz	una carga de gas	karga dè gass
Tabac	el tabaco	tabako

CULTURE / LOISIRS

cultes

CULTES
cultos religiosos
(koultoss rrèli'rhi**o**ssoss)

Donne-t-on des concerts dans cette **chapelle** ?
¿Hay conciertos en esta capilla?
¿aï konnçièrtoss ènn èsta kapiya?

Cette église est-elle encore destinée au **culte** ?
¿Hay todavía oficios religiosos en esta iglesia?
¿aï todavia ofiçioss rrèli'rhiossoss ènn èsta iglèssia?

Pouvez-vous me dire où se trouve l'**église** la plus proche... la cathédrale ?
¿Puede usted decirme dónde se encuentra la iglesia más cercana... la catedral?
¿pouèdè oustèd dèçirmè donndè sè ènnkouènntra la iglèssia mass çèrkana... la katèdral?

J'aimerais connaître l'**horaire des offices**.
Me gustaría saber el horario de los oficios.
mè goustaria sabèr èl orario dè loss ofiçioss.

Y a-t-il des **offices** chantés ?
¿Hay oficios cantados?
¿aï ofiçioss kanntadoss?

À quelle heure l'église est-elle **ouverte** au public ?
¿A qué hora se puede visitar la iglesia?
¿a kè ora sè pouèdè vissitar la iglèssia?

Je cherche un **pasteur**... un **prêtre**... un **rabbin**... parlant français.
Busco a algún pastor... sacerdote... rabino... que hable francés.
bousko a algounn pastor... saçèrdotè... rrabino... kè ablè frannçèss.

VOCABULAIRE

Cathédrale	la catedral	katèdral
Catholique	católico	katoliko
Chapelle	la capilla	kapiya

cultes

Chrétien	cristiano	kristiano
Communion	la comunión	komounionn
Confession	la confesión	konnféssionn
Dieu	Dios	dioss
Divin	divino	divino
Église	la iglesia	iglèssia
Juif	judío	rhoudio
Libre penseur	un libre pensador	librè pènnsador
Messe	la misa	missa
Mosquée	la mezquita	mèçkita
Musulman	musulmán	moussoulmann
Office	un oficio	ofiçio
Orthodoxe	ortodoxo	ortodokso
Païen	pagano	pagano
Pasteur	un pastor	pastor
Presbytère	el presbiterio	prèsbitério
Prêtre	un sacerdote	saçèrdotè
Prière	una oración	oraçionn
Prophète	un profeta	profèta
Protestant	protestante	protèstanntè
Quête	una colecta	kolèkta
Rabbin	un rabino	rrabino
Religion	la religión	rrèli'rhionn
Saint	un santo	sannto
Secte	una secta	sèkta
Sermon	un sermón	sèrmonn
Synagogue	la sinagoga	sinagoga
Temple	el templo	tèmplo

distractions, spectacles

DISTRACTIONS / SPECTACLES
distracciones (distrakçionéss)
espectáculos (éspéktakouloss)

À quelle heure **commence** le concert... le film... la pièce ?
¿A qué hora empieza el concierto... la película...
la obra?
¿a kè ora émpièça èl konnçièrto... la pélikoula...
la obra?

Combien **coûtent les places** ?
¿Cuánto valen las localidades?
¿kouannto valènn lass lokalidadèss?

Peut-on **danser** toute la nuit dans cette boîte ?
¿Se puede bailar toda la noche en esta boîte?
¿sè pouèdè baïlar toda la notchè ènn èsta bouat?

Que **donne**-t-on ce soir, au cinéma... au théâtre ?
¿Qué ponen (dan) esta noche en el cine...
en el teatro?
¿kè ponènn (dann) èsta notchè ènn èl çinè...
ènn èl tèatro?

Le **film** est-il en version originale ?
¿La película es en versión original?
¿la pélikoula èss ènn vèrsionn ori'rhinal?

Quel est le **groupe**... la troupe qui joue ce soir ?
¿Qué grupo... qué compañía actúa esta noche?
¿kè groupo... kè kompagnia aktoua èsta notchè?

À quelle heure **ouvrent** les boîtes de nuit...
les cabarets... les discothèques ?
¿A qué hora abren las boîtes... los cabarets...
las discotecas?
¿a kè ora abrènn lass bouat... loss kabarè...
lass diskotèkass?

Nous avons besoin d'un **partenaire** pour jouer.
Necesitamos a un compañero para actuar (théâtre),
tocar (musique), jugar (sport, jeux).
nécèssitamoss a ounn kompagnèro para aktouar...
tokar... rhougar.

Est-ce un spectacle **permanent** ?
¿Es un espectáculo contínuo?
¿èss ounn èspèktakoulo konntinouo?

Je voudrais une... deux **places**... entrées.
Quisiera una... dos localidades... entradas.
kissièra ouna... doss lokalidadèss... ènntradass.

Avez-vous le **programme** des spectacles ?
¿Tiene usted la cartelera de espectáculos?
¿tiènè oustèd la kartèlèra dè èspèktakouloss?

Où peut-on **réserver** des places ?
¿Dónde se pueden reservar localidades?
¿donndè sè pouèdènn rrèssèrvar lokalidadèss?

Pouvez-vous m'indiquer les **salles de jeux**... le casino ?
¿Puede usted indicarme las salas de juego...
  el casino?
¿pouèdè oustèd inndikarmè lass salass dè rhouègo...
  èl kassino?

Faut-il une **tenue de soirée** ?
¿Hace falta un traje de noche?
¿açè falta ounn tra'rhè dè notchè?

distractions, spectacles

VOCABULAIRE

Acte	un acto	akto
Acteur	un actor	aktor
Actrice	una actriz	aktriç
Amusant	divertido, cómico	divèrtido, komiko
Arène	la arena	arèna
Artiste	un artista	artista
Auteur	el autor	aoutor
Balcon	el balcón	balkonn
Ballet	un ballet	balè
Billard	un billar	biyar
Billet	una localidad, entrada	lokalidad, ènntrada
Boîte de nuit	la boîte	bouat
	(AmL : un nightclub) —	naïtkleub
Bridge	el bridge	bridge
Cabaret	un cabaret	kabarè
Cantatrice	una cantante	kanntanntè
Cartes (jeu de)	los naipes, las cartas —	naïpèss, kartass
Casino	el casino	kassino
Chanteur	un cantante	kanntanntè

distractions, spectacles

Chef d'orchestre	un director de orquesta	diréktor dé orkèsta
Cinéma de plein air	un cine al aire libre	çiné al aïré libré
– en salle	un cine	çiné
Cirque	el circo	çirko
Comédie	una comedia	komédia
COMPLET	COMPLETO	komplèto
Compositeur	el compositor	kompossitor
Concert	un concierto	konnçièrto
Costumes	los trajes	tra'rhèss
Coulisses	los bastidores	basstidorèss
Critique	la crítica	kritika
Dames (jeu de)	las damas	damass
Danse	la danza	dannça
– classique	el baile, la danza clásico (a)	baïlé, dannça klassiko (a)
– folklorique	– –, – – folklórico (a)	– – folkloriko (a)
Danseur	un bailarín	baïlarinn
Danseuse	una bailarina	baïlarina
Décor	el decorado	dékorado
Dés (jeu de)	los dados	dadoss
Drame	un drama	drama
Échecs (jeu d')	el ajedrez	a'rhèdrèç
Écouter	escuchar	éskoutchar
Écran	la pantalla	panntaya
	(AmL : el telón)	télonn
Entracte	el entreacto, intermedio	énntréakto, inntèrmédio
ENTRÉE	ENTRADA	énntrada
Fauteuil d'orchestre	una butaca de patio	boutaka dé patio
	(AmL : un sillón de orquesta)	siyonn dé orkèsta
FERMÉ	CERRADO	çèrrado
File d'attente	la cola de espera	kola dé éspèra
Gagner	ganar	ganar
Gradins	las graderías	gradèriass
Groupe	el grupo	groupo
Guichet	la taquilla, ventanilla	takiya, vènntaniya
	(AmL : la boletería)	bolétèria
Hall	el hall	ol
INTERDIT AUX MOINS DE DIX-HUIT ANS	PROHIBIDO A LOS MENORES DE DIECIOCHO AÑOS	proïbido a loss mènorèss de dièçiotcho agnoss
Intéressant	interesante	inntèrèssannté
Jeton	una ficha	fitcha
Jeux de hasard	los juegos de azar	rhouègoss dé açar
Jouer	jugar	rhougar
Lecture	la lectura	léktoura

Livret	el libreto	librèto
Loge	el palco	palko
Lyrique	lírico	liriko
Maison de jeux	un establecimiento de juegos	èstablèçimiènnto dè rhouègoss
Marionnettes	los títeres, las marionetas	titérèss, marionètass
Matinée	la función de la tarde (AmL : la matinée)	founnçionn dè la tardè matiné
Metteur en scène	el director, realizador	dirèktor, rrèaliçador
Musiciens	los músicos	moussikoss
Opéra	una ópera	opéra
Opérette	una opereta	opérèta
Parterre	la platea	platéa
Partie	una partida	partida
Perdre	perder	pèrdèr
Permanent	contínuo (AmL : rotativo)	konntinouo rrotativo
Pièce	una obra	obra
Pion	un peón	péonn
Piste	la pista	pista
Poulailler	el gallinero	gayinéro
POUR ADULTES	SOLO PARA ADULTOS	solo para adoultoss
Programme	el programa	programa
Rang	la fila	fila
Représentation	una función	founnçionn
Réservation	una reserva	rrèssèrva
Revue	la revista	rrèvista
Rideau	el telón	télonn
Rôle	un papel	papèl
Roulette (jeu)	la ruleta	rroulèta
Salle	la sala	sala
Scène	el escenario	éçénario
Soirée	la función de la noche	founnçionn dè la notchè
Sous-titres	los subtítulos	soubtitouloss
Spectacle	espectáculo	èspèktakoulo
Succès	un éxito	èksito
Tragédie	una tragedia	tra'rhèdia
Vedette	la vedette	vèdèt
Version originale	versión original	vèrsionn ori'rhinal

distractions, spectacles

nature

NATURE
naturaleza (natouralèça)

VOCABULAIRE

Abeille	una abeja	abè'rha
Air	el aire	aïrè
Altitude	la altura	altoura
À pic	a pique	a pikè
Arbre	un árbol	arbol
Automne	el otoño	otogno
Averse	un aguacero, chubasco	agouaçèro, tchoubasko
Baie	una bahía	baïa
Berger	un pastor	pastor
Bœuf	un buey	bouèi
Bois	un bosque	boskè
Boisé	boscoso	boskosso
Boue	el barro	barro
Bouleau	un abedul	abèdoul
Branche	una rama	rrama
Brouillard	la niebla, neblina	nièbla, nèblina
Brume	la bruma	brouma
Caillou	un guijarro	gui'rharro
Calcaire	calcáreo	kalkarèo
Campagne	el campo	kampo
Carrefour	un cruce	krouçè
Cascade	una cascada	kaskada
Cerisier	un cerezo	cèrèço
Cueillir	coger	ko'rhèr
	(*Mex* : recolectar)	rrèkolèktar
Chaleur	el calor	kalor
Champ	un campo, prado	kampo, prado
Champignon	un hongo,	onngo, tchampignonn
	un champiñón	
	(*AmL* : una callampa)	kayampa
Château	un castillo	kastiyo
Chêne	un roble	rroblè
Cheval	un caballo	kabayo
Chien de berger	un perro de pastor	pèrro dè pastor
CHIEN MÉCHANT	CUIDADO CON EL PERRO	kouidado konn èl pèrro
Ciel	el cielo	çièlo
Clair	claro	klaro
Climat	el clima	klima
Colline	una colina	kolina

nature

Français	Espagnol	Prononciation
Coq	un gallo	gayo
Cordillère (des Andes)	la cordillera (de los Andes)	kordiyèra (dè loss anndèss)
Côte	una cuesta	kouèsta
Coucher de soleil	la puesta de sol	pouèsta dè sol
DANGER	PELIGRO	pèligro
Dangereux	peligroso	pèligrosso
Dégel	el deshielo	dèsyèlo
Désert	el desierto	dèssièrto
Eau	el agua	agoua
– potable	– – potable	– potablè
– non potable	– – no potable	– no potablè
Éclair	un relámpago	rrèlampago
Environs	los alrededores	alrrèdèdorèss
Épine	una espina	espina
Est	el este	èstè
Étang	una laguna	lagouna
Été	el verano	vèrano
Étoile	una estrella	èstrèya
Falaise	un acantilado	akanntilado
Ferme	una granja, finca (AmL : una hacienda)	grann'rha, finnka aciènnda
Feuille	una hoja	o'rha
Fleur	una flor	flor
Fleurs (en)	florecido	florèçido
Foins	el heno	èno
Forêt	un bosque	boskè
Forêt vierge	la selva (virgen)	sèlva vir'rhènn
Fourmi	una hormiga	ormiga
Froid	frío	frio
Gelée	la helada	èlada
Glace	el hielo	yèlo
Glissant	resbaloso	rrèsbalosso
Grotte	una gruta	grouta
Guêpe	una avispa	avispa
Haie	un seto, una hilera	sèto, ilèra
Hauteur	la altura	altoura
Hiver	el invierno	innvièrno
Horizon	el horizonte	oriçonntè
Humide	húmedo	oumèdo
Inoffensif	inofensivo	inofènnsivo
Insecte	un insecto	innsèkto
Lac	un lago	lago
Lave	la lava	lava
Lever de soleil	el amanecer	amanèçèr
Lune	la luna	louna
Marécage	un pantano	panntano

nature

Marée	la marea	maréa
Mer	el mar	mar
Morsure	una mordedura	mordédoura
– de serpent	una picadura de serpiente	pikadoura dé sérpiénnté
Mouche	una mosca	moska
Moustique	un mosquito	moskito
Mouton	un cordero	kordéro
Neige	la nieve	niévé
Nord	el norte	norté
Nuage	una nube	noubé
Océan	el océano	océano
Oiseau	un pájaro	pa'rharo
Olivier	un olivo	olivo
Ombre	la sombra	sombra
Orage	una tormenta	torménnta
Oranger	un naranjo	narann'rho
Orties	las ortigas	ortigass
Ouest	el oeste	oésté
Palmier	una palmera	palméra
Paysage	un paisaje	païssa'rhé
Pierre	una piedra	piédra
Pin	un pino	pino
Piqûre	una picadura	pikadoura
Plage	una playa	playa
Plaine	una llanura	yanoura
	(AmL : un llano)	yano
Plantes	las plantas	planntass
Plat	llano, plano	yano, plano
Pluie	la lluvia	youvia
Pommier	un manzano	mannçano
Port	un puerto	pouérto
Pré	un prado	prado
	(AmL : un potrero)	potréro
Précipice	un precipicio	préçipiçio
Printemps	la primavera	primavéra
Proche	cercano	çérkano
Promenade	un paseo, una vuelta	passéo, vouélta
PROPRIÉTÉ PRIVÉE	PROPIEDAD PRIVADA	propiédad privada
Rivière	un río	rrio
Rocher	una roca	rroka
Sable	la arena	aréna
Sapin	un pino	pino
Sec	seco	séko
Serpent	una serpiente	sérpiénnté
Soleil	el sol	sol
Sommet	una cumbre	koumbré

Source	una fuente	fouènnté
Sud	el sur	sour
Température	la temperatura	témpératoura
Tempête	una tempestad	témpéstad
Temps	el tiempo	tièmpo
Tonnerre	un trueno	trouèno
Torrent	un torrente	torrènnté
Troupeau	un rebaño	rrèbagno
Vache	una vaca	vaka
Vallée	un valle	vayè
Vénéneux	venenoso	vénènosso
Venimeux	venenoso	vénènosso
Versant	una ladera	ladèra
Volcan	un volcán	volkann

nature

sports

SPORTS
deportes (dèportèss)

Où peut-on pratiquer l'équitation... le golf...
la natation... le surf... le tennis... la voile ?
> *¿Dónde se puede practicar equitación... golf...*
> *natación... surf... tenis... vela?*
> *¿donndè sè pouèdè praktikar èkitaçionn... golf...*
> *nataçionn... seurf... tèniss... vèla?*

Je voudrais **assister** à un match de... où a-t-il lieu ?
> *Quisiera asistir a un partido de... ¿dónde es?*
> *¿kissièra assistir a ounn partido dè... ¿donndè èss?*

Où faut-il acheter les **billets**... réserver ?
> *¿Dónde se compran las entradas... se reserva?*
> *¿donndè sè komprann lass ènntradass... sè rrèssèrva?*

Quel est le prix de l'**entrée** ?
> *¿Cuánto vale la entrada?*
> *¿kouannto valè la ènntrada?*

Quelles sont les **équipes** ?
> *¿Qué equipos juegan?*
> *¿kè èkiposs rhouègann?*

Quelles sont les **formalités** à remplir pour obtenir le
permis de chasse... de pêche ?
> *¿Qué trámites hay que hacer para conseguir la licen-*
> *cia de caza... de pesca?*
> *¿kè tramitèss aï kè açèr para konnsèguir la liçènnçia*
> *dè kaça... dè pèska?*

Pouvez-vous m'indiquer les **heures d'ouverture** ?
> *¿Puede usted indicarme las horas de abertura?*
> *¿pouèdè oustèd inndikarmè lass orass dè abèrtoura?*

J'aimerais prendre des **leçons**.
> *Me gustaría tomar lecciones.*
> *mè goustaria tomar lèkçionèss.*

Où peut-on **louer le matériel**... l'équipement ?
> *¿Dónde se puede alquilar el material... el equipo?*
> *¿donndè sè pouèdè alkilar èl matèrial... èl èkipo?*

sports

Peut-on **nager** sans danger dans cette rivière... le long de cette plage ?
> *¿Se puede nadar sin peligro en este río... a lo largo de esta playa?*
> *¿sè pouèdè nadar sinn pèligro ènn èstè rrio... a lo largo dè èsta playa?*

Y a-t-il une **patinoire** ?
> *¿Hay algún patinadero?*
> *¿aï algounn patinadèro?*

Où peut-on **pêcher** ?
> *¿Dónde se puede pescar?*
> *¿donndè sè pouèdè pèskar?*

Y a-t-il des **pistes** pour toutes les catégories de **skieurs** ?
> *¿Hay pistas para todas las categorías de esquiadores?*
> *¿aï pistass para todass lass katègoriass dè èskiadorèss?*

Comment peut-on rejoindre les **pistes** ?
> *¿Cómo se puede llegar a las pistas?*
> *¿komo sè pouèdè yègar a lass pistass?*

Quelles sont les **prévisions météorologiques** ?
> *¿Cuáles son las previsiones meteorológicas?*
> *¿koualèss sonn las prèvissionèss mètèorolo'rhikass?*

Quels sont les **prix** à l'heure... à la demi-journée... à la journée... à la semaine ?
> *¿Cuáles son las tarifas por hora... por medio día... por día... por semana?*
> *¿koualèss sonn lass tarifass por ora... por mèdio dia... por dia... por sèmana?*

Je voudrais faire une **randonnée** en montagne.
> *Quisiera hacer una excursión en las montañas.*
> *kissièra açèr ouna èkskoursionn ènn lass monnta-gnass.*

Le match est-il **retransmis à la télévision** ?
> *¿Transmiten el partido por la televisión?*
> *¿trannsmitènn èl partido por la tèlèvissionn?*

sports

VOCABULAIRE

Arbitre	el árbitro	arbitro
Articles de sports	los artículos de deporte	artikouloss dé déporté
Athlétisme	el atletismo	atlétismo
Balle	una pelota	pélota
Ballon	un balón	balonn
Basket-ball	el basket-ball, el baloncesto	baskèt-bol, balonnçésto
Bicyclette	la bicicleta	biçiklèta
Boxe	el boxeo	boksèo
But	un gol	gol
Championnat	un campeonato	kampéonato
Chronomètre	un cronómetro	kronomètro
Club de golf	un palo de golf	palo dé golf
Combinaison de plongée	un traje de submarinismo	tra'rhé dé soubmarinismo
Corner	un tiro de esquina, corner	tiro dé èskina, kornèr
Corps mort	un cuerpo muerto	kouèrpo mouèrto
Course	una carrera	karrèra
Cyclisme	el ciclismo	çiklismo
Deltaplane	el deltaplano	dèltaplano
Disqualification	una descalificación	dèskalifikaçionn
Entraînement	el entrenamiento	ènntrènamiènnto
Équipe	un equipo	èkipo
Escrime	la esgrima	èsgrima
Essai	un ensayo	ènnsayo
Finale	una final	final
Gagner	ganar	ganar
Golf miniature	golf miniatura	golf miniatoura
Gymnastique	la gimnasia	rhimnassia
Haltères	las halteras	altèrass
Hippodrome	un hipódromo	ipodromo
Hockey sur gazon	el hockey sobre césped	hokéi sobrè çèspèd
– – glace	– – – hielo	– – yèlo
Hors-jeu	fuera de juego	fouèra dè rhouègo
Jeux olympiques	los juegos olímpicos	rhouègoss olimpikoss
Jouer	jugar	rhougar
Joueur	un jugador	rhougador
Lancer	lanzar	lannçar
Lutte	la lucha	loutcha
Marathon	la maratón	maratonn
Marche	la marcha	martcha
Marquer un but	marcar (meter) un gol	markar, mètèr, ounn gol
Match	un partido	partido

Météo	la meteorología	mètéorolo'rhia
Mi-temps (première)	el primer tiempo	primèr tièmpo
– (seconde)	segundo tiempo	ségounndo tièmpo
Motocyclisme	el motociclismo	motoçiklismo
Panier	el cesto	çèsto
Parier	apostar	apostar
Pédalo	un pedaló	pèdalo
Penalty	un tiro penal	tiro pènal
Perdre	perder	pèrdèr
Ping-pong	el tenis de mesa	tèniss dè mèssa
Piste	la pista	pista
Point	un punto	pounnto
Record	un record	rrèkor
Ring	el ring	rring
Rugby	el rugby	rragbi
Saut	el salto	salto
Shoot	un tiro	tiro
Sprinter	un sprinter	sprinntèr
Stade	un estadio	èstadio
Supporteurs	los hinchas	inntchass
Terrain de football	un campo de fútbol	kampo dè foutbol
	(AmL : una cancha	kanntcha dè foutbol
	de fútbol)	
– de golf	un campo de golf	kampo dè golf
Touche	un saque de banda,	sakè dè bannda,
	tiro de lado	tiro dè lado
Trou	un hoyo	oyo
Vélodrome	un velódromo	vèlodromo
Victoire	una victoria	viktoria
Vol à voile	el vuelo sin motor	vouèlo sinn motor

CHASSE

caza (kaça)

VOCABULAIRE

Affût (être à l')	estar al acecho	èstar al açètcho
Armurerie	una armería	armèria
Balle	una bala	bala
Bottes	las botas	botass
Carabine	una carabina	karabina
Cartouche	un cartucho	kartoutcho
Chasse à courre	una montería	monntèria

CHASSE GARDÉE	COTO DE CAZA	koto dè kaça
CHASSE INTERDITE	PROHIBIDA LA CAZA	proïbida la kaça
Chasseur	un cazador	kaçador
Chien de chasse	un perro de caza	pèrro dè kaça
Fermée	cerrada	çèrrada
Fusil	la escopeta	èskopèta
Garde-chasse	un guarda de caza	gouarda dè kaça
Gibecière	un morral	morral
Gibier à plume	la caza de pluma	kaça dè plouma
– à poil	– – de pelo	– dè pèlo
Lunette	el visor	vissor
Meute	una jauría	rhaouria
Ouverte	abierta	abièrta
Permis de chasse	la licencia de caza	liçènnçia dè kaça
Réserve	una reserva	rrèssèrva
Sécurité (d'une arme)	el seguro	sègouro
Tirer	disparar	disparar
Veste de chasse	una cazadora	kaçadora

ÉQUITATION

equitación (èkitaçionn)

VOCABULAIRE

Antérieurs (les)	los anteriores	anntèriorèss
Assiette	el equilibrio	èkilibrio
Bombe	el casquete	kaskètè
Bottes	las botas	botass
Bouche	la boca	boka
Brides	las riendas	rriènndass
Cabrer	encabritarse	ènnkabritarsè
Cheval	un caballo	kabayo
Concours hippique	un concurso hípico	konnkourso ipiko
Course d'obstacles	una carrera de obstáculos	karrèra dè obstakouloss
Cravache	la fusta	fousta
Dos	el lomo	lomo
Écuyer	un jinete	rhinètè
Encolure	el cuello	kouèyo
Éperons	las espuelas	èspouèlass
Étriers	los estribos	èstriboss
Galop	el galope	galopè
Garrot	la cruz	krouç

Jument	una yegua	yégoua
Longe	un ronzal	rronnçal
Manège	el picadero	pikadéro
Mors	el freno	frèno
Obstacle	un obstáculo	obstakoulo
Parcours	un recorrido	rrèkorrido
Pas	el paso	passo
Polo	el polo	polo
Poney	un poney	ponèi
Postérieurs	los posteriores	postériorèss
Promenade à cheval	un paseo, una vuelta a caballo	passèo, vouèlta a kabayo
Rênes	las riendas	rriènndass
Robe	la capa	kapa
Ruer	dar coces (*AmL* : dar patadas)	dar koçèss – patadass
Sabots	los cascos	kaskoss
Sangle	la cincha	çinntcha
Sauter	saltar	saltar
Selle	la silla (*AmL* : la montura)	siya monntoura
Tapis de selle	una manta sudadera	mannta soudadèra
Trot	el trote	trotè

MONTAGNE

montaña (monntagna)

VOCABULAIRE

Alpinisme	el alpinismo	alpinismo
Anorak	un anorak (*AmL* : una parca)	anorak parka
Ascension	la ascensión	açènnsionn
Avalanche	una avalancha	avalanntcha
Bâtons	los bastones	bastonèss
Bivouac	el vivac	vivak
Blouson	una cazadora (*Mex* : un saco sport) (*AmL* : una chaqueta sport)	kaçadora sako èspor tchakèta èspor
Bobsleigh	un bobsleigh	bobslè
Brouillard	la niebla	nièbla
Chaleur	el calor	kalor

sports (montagne)

Chute	una caída	kaïda
Corde	una cuerda	kouèrda
Cordée	una cordada	kordada
Crampon	un crampón	kramponn
Couloir	un pasillo, paso	passiyo, passo
Couteau	un cuchillo	koutchiyo
DANGER	PELIGRO	pèligro
Dégel	el deshielo	dèsyèlo
Dérapage	un resbalón	rrèsbalonn
Descente (ski)	el descenso	dèçènnso
Détour (faire un)	dar una vuelta	dar ouna vouèlta
Excursion	una excursión	èkskoursionn
Fondre	derretir	dèrrètir
Froid	el frío	frio
Funiculaire	el funicular	founikoular
Gants	los guantes	gouanntèss
Gelé	helado	èlado
Gelée	la helada	èlada
Glace	el hielo	yèlo
Glacier	un glaciar	glaçiar
	(AmL : un ventisquero)	vènntiskèro
Grimper	trepar, escalar	trèpar, èskalar
Guide	un guía	guia
Halte	un alto, una parada	alto, parada
Leçon	una lección, clase	lèkçionn, klassè
Louer	alquilar, arrendar	alkilar, arrènndar
Luge	un pequeño trineo	pèkègno trinèo
Lunettes	unas gafas	gafass
	(AmL : unos anteojos)	anntèo'rhoss
Moniteur	un monitor	monitor
Montée	la subida	soubida
Mousqueton	un mosquetón	moskètonn
Neige damée	nieve apisonada	nièvè apissonada
– gelée	– helada	– èlada
– poudreuse	– polvorienta	– polvoriènnta
Névé	un nevero	nèvèro
Patinage	el patinaje	patina'rhè
Patinoire	un patinadero	patinadèro
Patins	los patines	patinèss
Pente	una pendiente	pènndiènntè
Piolet	un piolet	piolèt
Piste	una pista	pista
Piton	un pitón	pitonn
Pluie	la lluvia	youvia
Porte (slalom)	una puerta (slalom)	pouèrta (èslalom)
Rappel (corde de)	la cuerda de emergencia	kouèrda dè èmèr'rhènnçia

Ravin	una quebrada	kèbrada
Redoux	un aumento de temperatura	aoumènnto dè tèmpèratoura
Refuge	un refugio	rrèfou'rhio
Remonte-pente	un telesquí	tèlèski
Roche	una roca	rroka
Sac à dos	una mochila	motchila
Sentier	un sendero	sènndèro
Skis	los esquíes	èskièss
– de descente	– – de descenso	– dè dèçènnso
– de fond	– – de fondo	– dè fonndo
Sommet	la cumbre	koumbrè
Sports d'hiver	deportes de invierno	dèportèss dè innvièrno
Surplomb	una saliente	saliènntè
Téléphérique	un teleférico	tèlèfèriko
Température	la temperatura	tèmpèratoura
Tempête de neige	una tormenta de nieve	tormènnta dè nièvè
Tente	una tienda	tiènnda
Torrent	un torrente	torrènntè
Traces	huellas	ouèyass
Traîneau	un trineo	trinèo
Tremplin	un trampolín	trampolinn
Vallée	el valle	vayè
Varappe	el escalamiento	èskalamiènnto

SPORTS NAUTIQUES / PÊCHE

deportes náuticos (dèportèss naoutikoss)
pesca (pèska)

VOCABULAIRE

Accastillage	la obra muerta	obra mouèrta
Amarrer	amarrar	amarrar
Anneau	una argolla	argoya
Appât	el cebo	çèbo
Articles de pêche	los artículos de pesca	artikouloss dè pèska
BAIGNADE INTERDITE	PROHIBIDO BAÑARSE	proïbido bagnarsè
Barque	una barca	barka
	(*AmL :* un bote)	botè
Barre (direction)	el timón	timonn
– (vagues)	el rompeolas	rrompèolass
Bassin	una dársena	darsèna

sports (sports nautiques, pêche)

Bateau à moteur	una motora	motora
	(AmL : una lancha a motor)	lanntcha a motor
– à rames	un bote de remos	botė dė rrėmoss
– à voiles	un velero	vélėro
Bottes	las botas	botass
Bouée	el salvavidas	salvavidass
Brasse	la braza	braça
Cabine	un camarote	kamarotė
Canne à pêche	una caña de pescar	kagna dė pėskar
Canoë	una canoa	kanoa
Canot	un bote, una lancha	botė, lanntcha
Ceinture (plombs)	un cinturón (plomo)	çinntouronn (plomo)
– de sauvetage	– – salvavidas	– salvavidass
Courant	la corriente	korriėnntė
Crawl	el crowl	krol
Croisière	un crucero	krouçėro
DANGER	PELIGRO	pėligro
Dérive	la deriva	dėriva
Eau (point d')	un punto de agua	pounnto dė agoua
Embarcadère	el embarcadero	ėmbarkadėro
Étang	una laguna	lagouna
Filet	una red	rrėd
Flèche	una flecha	flėtcha
Flotteur	un flotador	flotador
Foc	un foque	fokė
Fusil	un fusil	foussil
Hameçon	un anzuelo	annçouėlo
Harpon	un harpón	arponn
Hélice	una hélice	ėliçė
Hors-bord	un fuera de borda	fouėra dė borda
Lac	un lago	lago
Ligne	un sedal	sėdal
Louer	alquilar, arrendar	alkilar, arrėnndar
Maillot de bain	un traje de baño	tra'rhė dė bagno
Maître nageur	un bañero	bagnėro
	(AmL : un profesor de natación)	profėssor dė nataçionn
Marée basse	la marea baja	marėa ba'rha
– haute	– – alta	– alta
Masque	una máscara	maskara
Mât	el mástil	mastil
– pneumatique	– – inflable	– innflablė
Mer	el mar	mar
Moniteur	un monitor	monitor
Mordre (ça mord)	morder, picar	mordėr, pikar
Mouillage	el fondeo	fonndėo

Moulinet	un carrete	karrété
Nage libre	el estilo libre	éstilo libré
– sur le dos	– – espaldas	– éspaldass
Nager	nadar	nadar
Natation	la natación	nataçionn
Palmes	las aletas	alétass
PÊCHE INTERDITE	PROHIBIDA LA PESCA	proïbida la péska
Permis de pêche	la licencia de pesca	liçénnçia dé péska
Pied (avoir)	hacer (tener) pie	açér (ténér) pié
Piscine chauffée	una piscina calentada	piçina kalénntada
– à ciel ouvert	– – descubierta	– déskoubiérta
– couverte	– – cubierta	– koubiérta
Plage	una playa	playa
Planche à voile	una tabla de vela	tabla dé véla
– de surf	– – de surf	– dé seurf
Plombs	los plomos	plomoss
Plongée (bouteille)	el submarinismo con oxígeno	soubmarinismo konn oksi'rhéno
– libre	– – libre	– libré
	(AmL : el buceo)	bouçéo
Plongeon	una zambullida	çambouyida
Poisson	un pez, pescado	péç, péskado
Pont	un puente	pouénnté
Pont du bateau	la cubierta	koubiérta
Quille	la quilla	kiya
Rames	los remos	rrémoss
Rive	la orilla	oriya
Rivière	un río	rrio
Sable	la arena	aréna
Safran (gouvernail)	el azafrán	açafrann
Secours	el socorro	sokorro
Ski nautique	el esquí acuático	éski akouatiko
Station balnéaire	un balneario	balnéario
Suroît	un sueste	souésté
Température	la temperatura	témpératoura
Tempête	una tormenta	torménnta
Tuba	un tubo respiratorio	toubo rrèspiratorio
Vague	una ola	ola
Vent	el viento	viénnto
Voile	la vela	véla
Yacht	un yate	yaté

sports (sports nautiques, pêche)

TENNIS
tenis (tèniss)

VOCABULAIRE

Balle	la pelota	pélota
Chaussures de tennis	las zapatillas de tenis	çapatiyass dè tèniss
Classement	la clasificación	klassifikaçionn
Couloir	la banda	bannda
Coup droit	un derechazo, tiro recto	dèrètchaço, tiro rrèkto
Court de tennis	una pista de tenis	pista dè tèniss
	(*AmL :* una cancha de tenis)	kanntcha dè tèniss
Double	los dobles	doblèss
Faute	una falta	falta
Filet	la red	rrèd
Jeu	el juego	rhouègo
Jouer au tennis	jugar tenis	rhougar tèniss
Leçon	una lección, clase	lékçionn, klassè
Match	un partido	partido
Match nul	un empate	èmpatè
Partenaire	el compañero de juego	kompagnèro dè rhouègo
Raquette	la raqueta	rrakèta
Revers	un golpe de revés	golpè dè rrevèss
Service	el servicio	sèrviço
Short	un short	short
Simple	un simple	simplè
Smash	un smash	smatch
	(*AmL :* un remache)	rrèmatchè
Tension des cordes	la tensión de las cuerdas	tènnsionn dèlass kouèrdass
Volée	la volea	voléa

VISITES TOURISTIQUES / MUSÉES / SITES

visitas turísticas (vissitass touristikass)
museos (moussèoss) / sitios (sitioss)

Où se trouve l'Office du tourisme ?
¿Dónde se encuentra la Oficina de turismo?
¿donndè sè ènnkouènntra la ofiçina dè tourismo?

Le circuit des châteaux prévoit-il les sites naturels ?
¿El circuito de los castillos comprende la visita de los sitios naturales?
¿èl çirkouito dè loss kastiyoss komprènndè la vissita dè loss sitioss natouralèss?

Combien coûte la visite ?
¿Cuánto cuesta la visita?
¿kouannto kouèsta la vissita?

De quelle époque date-t-elle (il) ?
¿De qué época es?
¿dè kè èpoka èss?

Est-ce que le guide parle français ?
¿Habla francés el guía?
¿abla frannçèss èl guia?

Quelles sont les heures d'ouverture ?
¿A qué horas está abierto?
¿a kè orass èsta abièrto?

Quels sont les lieux visités au cours du circuit ?
¿Qué lugares se visitan durante el circuito?
¿kè lougarèss sè vissitann douranntè èl çirkouito?

Peut-on prendre des photos ?
¿Se pueden sacar fotos?
¿sè pouèdènn sakar fotoss?

Avez-vous un plan de la ville... des environs ?
¿Tiene usted un plano de la ciudad... de los alrededores?
¿tiènè oustèd ounn plano dè la çioudad... dè loss alrrèdèdorèss?

visites touristiques , musées, sites

visites touristiques , musées, sites

Quelle (quel) est cette église... ce monument... ce tableau ?
¿Qué iglesia es ésta... monumento (éste)... cuadro (éste)?
¿kè iglèssia èss èsta... monoumènnto (èstè)... kouadro (èstè)?

Combien de **temps** dure la visite ?
¿Cuánto tiempo dura la visita?
¿kouannto tièmpo doura la vissita?

Où se **trouve** le musée... la cathédrale... le monastère... l'exposition ?
¿Dónde se encuentra el museo... la catedral... el monasterio... la exposición?
¿donndè sè ènnkouènntra èl moussèo... la katèdral... el monastèrio... la èkspossiçionn?

Y a-t-il une **visite organisée** ?
¿Hay algún recorrido organizado?
¿aï algounn rrèkorrido organiçado?

Je **voudrais visiter** la vieille ville... le port.
Quisiera visitar la ciudad vieja... el puerto.
kissièra vissitar la çioudad viè'rha... èl pouèrto.

VOCABULAIRE

Français	Espagnol	Prononciation
Abbaye	una abadía	abadia
Abside	un ábside	absidè
Ancien	antiguo	anntigouo
Baroque	barroco	barroko
Bâtiment	un edificio	èdifiçio
Bibliothèque	una biblioteca	bibliotèka
Billet	una entrada	ènntrada
	(AmL : un boleto)	bolèto
Cathédrale	la catedral	katèdral
Centre ville	el centro	çènntro
Cimetière	el cementerio	çèmènntèrio
Circuit	un circuito	çirkouito
Colonne	una columna	koloumna
Croix	una cruz	krouç
Crypte	la cripta	kripta
Dôme	la cúpula	koupoula
Douves	los fosos	fossoss
Église	una iglesia	iglèssia
ENTRÉE	ENTRADA	ènntrada

Français	Espagnol	Prononciation
ENTRÉE LIBRE	ENTRADA LIBRE	ènntrada librè
Environs	los alrededores	alrrèdèdorèss
Exposition	una exposición	èkspossiçionn
Façade	la fachada	fatchada
Fontaine	una fuente	fouènntè
Fort	un fuerte	fouèrtè
Gothique	gótico	gotiko
Gratte-ciel	un rascacielos	rraskaçièloss
Guide	un guía	guia
Hôtel de ville	el Ayuntamiento	ayounntamiènnto
	(AmL : la Municipalidad)	mouniçipalidad
Jardin	un jardín	rhardinn
– botanique	– – botánico	– botaniko
– zoologique	– – zoológico	– çoolo'rhiko
Marché	un mercado	mèrkado
Monastère	un monasterio	monastèrio
Monument	un monumento	monoumènnto
Moyen Âge (le)	la Edad Media	èdad mèdia
Musée	un museo	moussèo
Nef	la nave	navè
Palais	un palacio	palaçio
Parc	un parque	parkè
Peintre	un pintor	pinntor
Peinture	una pintura, un cuadro	pinntoura, kouadro
Pilier	un pilar	pilar
Place	una plaza	plaça
Pont	un puente	pouènntè
Port	un puerto	pouèrto
Remparts	las murallas	mourayass
Renaissance (la)	el Renacimiento	rrènaçimiènnto
Roman	románico	romaniko
Rosace	una rosácea	rrossaçèa
Ruelle	una callejuela	kayè'rhouèla
Ruines	unas ruinas	rrouinass
Salle	una sala	sala
Sculpteur	un escultor	èskoultor
Sculpture	una escultura	èskoultoura
Siècle	un siglo	siglo
Style	el estilo	èstilo
Tableau	un cuadro	kouadro
Tour	una vuelta	vouèlta
Vieille ville	la ciudad vieja	çioudad viè'rha
Visite	una visita	vissita
– guidée	un recorrido con guía	rrèkorrido konn guia

visites touristiques , musées, sites

DICTIONNAIRE

A

À en.
Abaisser rebajar.
Abandonner abandonar.
Abbaye abadía.
Abcès flemón, (*AmL :* absceso).
Abeille abeja.
Abîmer estropear, (*AmL :* echar a perder).
Abonner (s') abonarse.
Abord (d') en primer lugar.
Abri protección, refugio.
Abriter (s') abrigarse, protegerse, refugiarse.
Absent ausente.
Absolument absolutamente.
Abstenir (s') abstenerse.
Absurde absurdo.
Abus abuso.
Abuser abusar.
Accélérer acelerar.
Accent acento.

Accepter aceptar.
Accessoire accesorio.
Accident accidente.
Accompagner acompañar.
Accord acuerdo,
(**D'accord :** de acuerdo).
Accrocher enganchar, colgar.
Accueil acogida, recepción.
Achat compra.
Acheter comprar.
Acompte anticipo.
Acquérir adquirir.
Action acción.
Activité actividad.
Actuellement actualmente.
Addition cuenta, (*math.*) suma.
Adieu adiós.
Admettre admitir.
Administrateur administrador.
Admirer admirar.
Adresse dirección.
Adresser dirigir.
Adroit hábil.

N.d.T : Les adjectifs n'apparaissent qu'au masculin. En règle générale, pour trouver la forme du féminin, il suffit de remplacer le « o » final par un « a » (*ex. :* contento — contenta) ou d'ajouter un « a » aux adjectifs de nationalité qui se terminent par une consonne (*ex. :* español — española). Beaucoup de noms qui apparaissent au masculin suivent la même règle (*ex. :* inspector — inspectora). Les noms et adjectifs ayant une autre terminaison restent invariables (*ex. :* azul, increíble, real). Quand un mot qui peut être verbe et nom en même temps (*ex. :* pouvoir) est traduit par un seul mot, cela veut dire que la traduction a la même valeur que le mot français (*ex. :* poder = pouvoir [verbe et nom]).

Adulte adulto.
Adversaire adversario.
Aération aeración.
Aéroport aeropuerto.
Affaiblir debilitar.
Affaire negocio.
Affranchir *(lettres)* franquear.
Affreux horrible.
Âge edad.
Agence agencia.
Agent agente.
Aggravation empeoramiento.
Agir actuar.
Agrandir ampliar.
Agréable agradable.
Agrément agrado, recreo.
Aide ayuda.
Aigre amargo.
Aiguille aguja.
Ailleurs en otra parte.
Aimable amable.
Aimer *(quelqu'un)* querer.
– *(quelque chose)* gustarle. ex. :
   j'aime voyager me gusta viajar.
Aîné mayor.
Ainsi así.
Air aire.
Ajouter añadir, agregar.
Alcool alcohol.
Alentour alrededor.
Aliment alimento.
Aliter (s') guardar cama.
Aller ir.
Aller et retour ida y vuelta.
Allonger prolongar.
Allumer encender.
Alors entonces.
Altitude altura.
Amabilité amabilidad.
Ambassade embajada.

Ambulance ambulancia.
Améliorer mejorar.
Amener traer.
Amer amargo.
Américain americano.
Amérique América.
Ami amigo.
Amour amor.
Ampoule bombilla,
   (*AmL* : ampolleta).
Amusant divertido.
Amuser (s') divertirse.
Ancêtre antepasado.
Ancien antiguo.
Angoisse angustia.
Animal animal.
Année año.
Anniversaire cumpleaños.
Annonce anuncio, aviso.
Annuler anular.
Antalgique antálgico.
Antérieur anterior.
Antidote antídoto.
Antiquaire anticuario.
Août agosto.
Apercevable perceptible.
Apercevoir percibir, distinguir.
Apparaître aparecer.
Appareil aparato.
Appel llamado.
Appeler llamar.
Appendicite apendicitis.
Appétit apetito,
   (**Bon appétit !** ¡buen pro-
vecho !).
Appui apoyo.
Appuyer (s') apoyarse.
Après después.
À propos a propósito.
Araignée araña.

Arbre árbol.
Argent dinero.
Argument argumento.
Aride árido.
Arme arma.
Arrêt parada, (*AmL :* paradero).
Arrêter (s') parar, detenerse.
Arrière la parte de atrás.
Arrière (à l') atrás.
Arriver llegar.
Art arte.
Ascenseur ascensor.
Asseoir (s') sentarse.
Assez bastante.
Assiette plato.
Assis sentado.
Assurance seguro.
Attaque ataque.
Atteindre alcanzar.
Attendre esperar.
Attente espera.
Atterrir aterrizar.
Attestation certificado.
Attitude actitud.
Auberge albergue.
Aucun ninguno.
Au-dedans adentro.
Au-dehors afuera.
Au-delà más allá.
Au-dessous debajo.
Au-dessus encima.
Au-devant adelante.
Augmentation aumento.
Aujourd'hui hoy.
Auparavant antes.
Aussi también.
Aussitôt en seguida.
Autant que tanto como.
Authentique auténtico.
Auto auto.

Autobus autobús.
Automne otoño.
Autoriser autorizar.
Autorité autoridad.
Autour alrededor.
Autre otro.
Avaler tragar.
Avance adelanto.
Avant antes.
Avantageux ventajoso.
Avant-hier antes de ayer.
Avec con.
Avenir futuro.
Aventure aventura.
Averse aguacero, chubasco.
Avertir avisar.
Aveugle ciego.
Avion avión.
Avis aviso.
Avocat abogado.
Avoir tener.
  (Il y a : hay).
Avortement aborto.
Avril abril.

B

Bâbord babor.
Bac transbordador.
Bâche lona.
Bagage equipaje.
Bague argolla, sortija.
Baignade baño.
Baigneur bañista.
Bain baño.
Baiser beso.
Baisse baja.
Baisser (se) agacharse.
Balade paseo, vuelta.
Balai escoba.
Balance balanza, pesa.

Balayer barrer.
Ballon balón, globo.
Balnéaire balneario.
Balustrade balaustrada.
Banc banco.
Bandage vendaje.
Banlieue periferie.
Banque banco.
Barbe barba.
Barque barca.
Barrage presa.
Barre barra.
Bas (nom) media.
– (adj.) bajo.
Baser basar.
Bassin estanque.
Bas-ventre bajo vientre.
Bataille batalla.
Bateau barco.
Bâtiment edificio.
Bâtir edificar, construir.
Bâton palo, varilla.
Battre golpear.
Baume bálsamo.
Bavard hablador, parlanchín.
Beau bello, hermoso.
Beaucoup mucho(s).
Beau-fils yerno.
Beau-frère cuñado.
Beau-père suegro.
Beauté belleza.
Bébé bebé, nene.
Beige beige.
Belle-fille nuera.
Belle-mère suegra.
Belle-sœur cuñada.
Belvédère belvedere, mirador.
Bénéfice beneficio.
Bénévole benévolo.
Bénir bendecir.

Besoin necesidad,
    (**Avoir besoin** : necesitar).
Bétail ganado.
Bête (nom) animal.
– (adj.) tonto, estúpido.
Beurre mantequilla.
Bicyclette bicicleta.
Bien bien.
Bientôt luego, pronto.
Bienvenu bienvenido.
Bière cerveza.
Bifurcation bifurcación.
Bijou joya.
Bijoutier joyero.
Billet (argent) billete.
– (voy.) billete, (AmL : pasaje,
    boleto).
– (spec.) entrada, localidad.
Bisaïeul bisabuelo.
Blanc blanco.
Blanchir blanquear.
Blanchisserie lavandería.
Blé trigo.
Blesser herir.
Bleu azul.
Bobine carrete, rollo.
Bœuf buey.
Boire beber, tomar.
Bois madera.
Boisson bebida.
Boîte caja, (dancing) boîte.
Bon bueno.
Bonheur felicidad.
Bonjour buenos días.
Bonne nuit buenas noches.
Bonsoir buenas tardes.
Bonté bondad.
Bord borde, orilla.

Bosse *(anat.)* joroba.
– *(route)* montículo.
Bouche boca.
Boucherie carnicería.
Boucle *(cheveux)* bucle, rizo.
– *(ceinture)* hebilla.
Boudin morcilla.
Boue barro.
Bouée salvavidas.
Bouger moverse.
Bougie vela, bujía.
Bouillant hirviendo.
Boulanger panadero.
Boule bola.
Bouteille botella.
Boutique tienda.
Bouton botón, tecla.
Bracelet brazalete, pulsera.
Bras brazo.
Brasserie cervecería.
Bref *(adj.)* corto.
Brillant brillante.
Broder bordar.
Brosse cepillo.
Brouillard niebla.
Bruit ruido.
Brûler quemar.
Brume bruma.
Brun moreno.
Bureau despacho, oficina.
Bus bus.
But objetivo, finalidad, meta.
– *(sport)* gol.
Buvable bebible.

C

Cabane cabaña.
Cabaret cabaret.
Cabine cabina.
Câble cable.

Cacher esconder.
Cadeau regalo.
Cadenas candado.
Cadet menor.
Caduc caduco.
Cafard cucaracha.
Café café.
Cahier cuaderno.
Caillou piedra, guijarro.
Caisse caja.
Calcaire calcáreo.
Cale cala, bodega.
Calendrier calendario.
Calmant calmante.
Calme tranquilo.
Camarade compañero.
Camion camión.
Campagne campo.
Camper acampar.
Camping camping.
Canal canal.
Canard pato.
Cancer cáncer.
Canne bastón.
Canot canoa.
Capable capaz.
Capitale capital.
Car autocar.
Cardiaque cardiaco.
Cargaison carga.
Carré cuadrado.
Carrefour cruce.
Carte *(géo.)* mapa.
– *(postale)* tarjeta postal.
– *(visite)* tarjeta de visita.
Carton cartón.
Cas caso.
Casse rotura.
Casse-croûte bocadillo.
Casser romper, quebrar.

Casserole cacerola.
Cathédrale catedral.
Cauchemar pesadilla.
Cause causa,
  (**À cause de :** a causa de, por).
Causer causar.
Caution fianza.
Cavalier jinete.
Ce este, ese.
Ceci esto.
Cela eso.
Célèbre célebre.
Célibataire soltero.
Celle(s)-ci ésta(s).
Celle(s)-là ésa(s).
Celui-ci éste.
Celui-là ése.
Cent cien.
Central central.
Centre centro.
Cependant sin embargo.
Cercle círculo.
Certain seguro.
Certainement seguramente.
Certificat certificado.
Ces estos, esos.
Cet(te) este (esta), ese (esa).
Ceux-ci éstos.
Ceux-là ésos.
Chacun cada uno.
Chaîne cadena.
Chaise silla.
Chalet chalé.
Chaleur calor.
Chaloupe chalupa.
Chambre habitación,
  (*AmL :* cuarto).
Chance suerte.
Change cambio.
Changement cambio.

Changer cambiar.
Chanson canción.
Chant canto.
Chapeau sombrero.
Chapelle capilla.
Chaque cada.
Charbon carbón.
Charcutier salchichero.
Charge carga.
Chariot carro.
Chasser cazar.
Château castillo.
Chaud caliente.
Chauffage calefacción.
Chauffer calentar.
Chauffeur conductor, chofer.
Chaussure zapato.
Chemin camino.
Chemise camisa.
Chèque cheque.
Cher *(prix)* caro.
– *(affec.)* querido.
Chercher buscar.
Cheval caballo.
Cheveux pelo.
Chien perro.
Chiffon trapo.
Chiffre cifra, número.
Choc choque.
Choisir elegir, escoger.
Chose cosa.
Chute caída.
Ciel cielo.
Cigare cigarro, puro.
Cigarette cigarrillo.
Cimetière cementerio.
Cinéma cine.
Cintre percha.
Cirage betún, cera.
Circonstance circunstancia.

Circuit circuito.
Circulation circulación, tráfico.
Ciseaux tijeras.
Citoyen ciudadano.
Citron limón.
Clair claro.
Classe clase.
Clavicule clavícula.
Clef llave.
Client cliente.
Climat clima.
Cloche campana.
Clocher campanario.
Clou clavo.
Cochon cerdo.
Code código.
Cœur corazón.
Coiffeur peluquero.
Coin rincón, *(rue)* esquina.
Col *(vêt.)* cuello.
– *(géo.)* puerto, *(AmL :* paso).
Colère cólera, ira.
Colis paquete.
Collant leotardo, *(AmL :* pantis).
Colle cola.
Collection colección.
Collier collar.
Colline colina.
Collision colisión, choque.
Colonne columna.
Coloré colorado.
Combien cuánto.
Comestible comestible.
Commandant comandante.
Commande pedido.
Comme como.
Commencement principio,
   comienzo.
Comment cómo.
Commode cómodo.

Commun común.
Communication comunicación.
Compagnon compañero.
Comparaison comparación.
Comparer comparar.
Compartiment compartimiento.
Compatriote compatriota.
Complet completo, lleno.
Complètement completamente.
Composé compuesto.
Composer componer.
Comprendre entender,
   comprender.
Comprimé *(nom)* pastilla.
– *(adj.)* comprimido.
Compris incluido.
Compte bancaire cuenta
   bancaria.
Compter contar.
Concerner concernir.
Concert concierto.
Concierge conserje, guardia.
Condition condición.
Condoléances condolencias,
   pésame.
Conducteur conductor.
Conduire conducir,
   (AmL : manejar).
Conduite *(morale)* conducta.
– *(auto)* conducción,
   (AmL : manejo).
Conférence conferencia.
Confiance confianza.
Confirmer confirmar.
Confiture mermelada.
Confondre confundir.
Confort confort.
Confortable confortable,
   cómodo.
Congé feriado.

Connaissance *(personne)*
conocido.
- *(savoir)* conocimiento, saber.
Connaître conocer.
Consciencieux serio.
Conscient consciente.
Conseiller aconsejar.
Consentir consentir.
Conserver conservar.
Considérable considerable.
Considérer considerar.
Consigne consigna.
Consommation consumo.
Consommer consumir.
Constater constatar, comprobar.
Constitution constitución.
Construire construir.
Consulat consulado.
Contact contacto.
Contenir contener.
Content contento.
Contenu contenido.
Continuer continuar, seguir.
Contraceptif contraceptivo,
anticonceptivo.
Contraire contrario,
(**Au contraire :** al contrario).
Contrat contrato.
Contre contra.
Contrôle control.
Contrôleur revisor,
(*AmL :* inspector).
Convaincre convencer.
Convaincu convencido.
Convenir convenir.
Conversation conversación,
charla, (*Mex :* plática).
Coq gallo.
Corde cuerda, soga.
Cordial cordial.

Cordonnier zapatero.
Corps cuerpo.
Corpulent corpulento.
Correct correcto.
Correspondance
(*lettres*) correspondencia.
- *(métro)* cambio.
- *(train)* transbordo.
Corriger corregir.
Costume traje.
Côte costilla.
Côté lado,
(**À côté de :** al lado de, junto a).
Coton algodón.
Cou cuello.
Coucher (se) acostarse.
Couchette litera.
Coude codo.
Coudre coser.
Couler correr, gotear.
Couleur color.
Coup golpe.
Coupable culpable.
Couper cortar.
Couple pareja.
Coupon cupón.
Cour patio.
Courant corriente.
Courir correr.
Courrier correo.
Courroie correa.
Cours curso.
Court corto.
Cousin primo.
Coût coste, costo.
Couteau cuchillo.
Coûter costar.
Couteux costoso, caro.
Couturier modisto.
Couvent convento.

Couvert cubierto.
Couverture manta, (*Mex* : cobija, *AmL* : frazada).
Couvrir cubrir, tapar.
Cracher escupir.
Craindre temer.
Crayon lápiz.
Crédit crédito.
Créer crear.
Crème crema.
Crier gritar.
Critiquer criticar.
Croire creer.
Croisière crucero.
Cru crudo.
Cueillir coger, cosechar, (*Mex* : recolectar).
Cuiller cuchara.
Cuir cuero.
Cuire cocer.
Cuisine cocina.
Cuisiner cocinar.
Cuisinier cocinero.
Cuisinière à gaz cocina a gas.
Cuisse muslo.
Curé cura.
Curieux curioso.
Curiosité curiosidad.
Cyprès ciprés.

D

Dame señora, dama.
Dancing dancing.
Danger peligro.
Dans en, dentro de.
Danse danza, baile.
Danser bailar.
Date fecha.
Davantage más.
De de.

Débarquement desembarco.
Débarquer desembarcar.
Débile (*mental*) atrasado mental.
Debout de pie, parado.
Débrancher desenchufar.
Début principio, (**Au début** : al principio).
Débuter iniciar, debutar.
Décembre diciembre.
Décent decente.
Décevoir decepcionar.
Décharger descargar.
Déchirer rasgar, rajar.
Décidé decidido.
Décider decidir.
Décision decisión.
Déclaration declaración.
Déclarer declarar.
Décollage despegue.
Décommander anular, cancelar.
Décompte detalle de una cuenta.
Déconseiller desaconsejar.
Découragé desanimado.
Découvrir descubrir.
Décrire describir.
Déçu decepcionado.
Dedans adentro.
Dédommager indemnizar.
Dédouaner sacar de la aduana.
Défaire deshacer.
– (*les valises*) abrir las maletas.
Défaut defecto.
Défavorable desfavorable.
Défectueux defectuoso.
Défendre defender.
Définir definir.
Dégât destrozo.
Dehors afuera.
Déjà ya.

Déjeuner almorzar,
(*Mex : comer*).
Délai plazo.
Délicat delicado.
Délit delito.
Délivrer entregar, otorgar.
Demain mañana.
Demande pedido.
Démarrer arrancar,
echar a andar.
Déménager mudarse, cambiar de
casa.
Demi medio.
Démodé pasado de moda,
anticuado.
Demoiselle señorita.
Denrées alimentaires alimentos.
Dent diente.
Dentelle encaje.
Dentifrice pasta de dientes.
Dentiste dentista.
Départ partida.
Dépasser sobrepasar.
Dépêcher (se) darse prisa.
Dépense gasto.
Dépenser gastar.
Déplaire disgustar, no gustar.
Déplaisant poco grato,
fastidioso.
Déposer depositar.
Depuis desde.
Dérangement avería, transtorno.
Déranger molestar.
Dérégler descomponer,
desajustar.
Dernier último.
Derrière detrás.
Dès que en cuanto.
Désagréable desagradable.
Descendre bajar.

Descente bajada.
Description descripción.
Désert desierto.
Désespéré desesperado.
Déshabiller desvestir.
Désinfecter desinfectar.
Désirer desear.
Désordre desorden.
Dessiner dibujar.
Dessous debajo.
Dessus encima.
Destinataire destinatario.
Destination destino.
Détachant quitamanchas.
Détail detalle.
Détour vuelta, rodeo.
Détruire destruir.
Dette deuda.
Deuxième segundo.
Devant adelante.
Développement desarrollo.
Développer desarrollar.
Devenir transformarse, volverse.
Déviation desviación.
Deviner adivinar.
Devises divisas.
Devoir deber.
Diarrhée diarrea.
Dictionnaire diccionario.
Dieu Dios.
Différence diferencia.
Différent diferente.
Différer diferir.
Difficile difícil.
Difficulté dificultad.
Dimanche domingo.
Diminuer disminuir.
Dîner cenar.
Dire decir.
Directement directamente.

Directeur director.
Direction dirección.
Disparaître desaparecer.
Distance distancia.
Distingué distinguido.
Distinguer distinguir.
Distraction distracción.
Distraire (se) distraerse.
Distributeur de billets cajera automática.
Divers diverso.
Divertissant divertido, entretenido.
Diviser dividir.
Dix diez.
Dizaine decena.
Docteur doctor.
Document documento.
Doigt dedo.
Domaine dominio.
Domicile domicilio.
Dommage (quel) ¡qué lástima !
Donc por lo tanto.
Donner dar.
Dont cuyo (a, os, as), del cual, de la cual, de los cuales, de las cuales.
Dormir dormir.
Dos espalda.
Douane aduana.
Douanier aduanero.
Double doble.
Doubler doblar, (route) sobrepasar.
Doucement despacio, lentamente.
Douche ducha.
Douleur dolor.
Douloureux doloroso.
Doute duda.

Douteux dudoso.
Doux suave.
Douzaine docena.
Drap sábana.
Droit (nom) derecho.
– (adj.) derecho, recto, (**À droite** : a la derecha).
Dune duna.
Dur duro.
Durée duración.
Durer durar.
Dureté dureza.

E

Eau agua.
Écart distancia, diferencia.
Échanger intercambiar, cambiar.
Échantillon muestra.
Échelle escala.
Éclair rayo.
Éclairer aclarar.
École escuela.
Économiser economizar.
Écouter escuchar.
Écouteur auricular, (AmL : audífono).
Écrire escribir.
Édifice edificio.
Éducation educación.
Effet efecto.
Efficace eficaz.
Efforcer (s') esforzarse.
Effort esfuerzo.
Effrayer (s') asustarse.
Égal igual, lo mismo, (**Cela m'est égal** : me da lo mismo).
Égarer perder.
Église iglesia.
Élections elecciones.

Éloigné alejado.
Emballage embalaje.
Embrasser besar, abrazar.
Émission emisión.
Emmener llevar.
Empêcher impedir.
Empire imperio.
Emploi empleo.
Employé empleado.
Employer emplear, usar.
Emporter llevar.
Emprunter pedir prestado.
Ému emocionado.
Encore todavía.
Endommager dañar, estropear.
Endormir (s') dormirse.
Endroit lugar.
Enfant niño.
Enfin por fin.
Enflammer inflamar.
Enflure hinchazón.
Enlever sacar, retirar.
Ennuyeux aburrido, molesto.
Enseigner enseñar.
Ensemble *(nom)* conjunto.
– *(adv.)* juntos (as).
Ensuite en seguida.
Entendre oír.
Enthousiasme entusiasmo.
Entier entero.
Entracte entreacto, intermedio.
Entraider ayudar.
Entre entre.
Entrée entrada.
Entreprise empresa.
Entrer entrar.
Enveloppe sobre.
Envers *(nom)* reverso.
– *(prép.)* para, con,
  (**À l'envers :** al revés).

Environ alrededor de,
  más o menos.
Environs alrededores.
Envoyer enviar, mandar.
Épais espeso.
Épaule hombro.
Épeler deletrear.
Épice especia, condimento.
Épicerie tienda de comestibles.
Épidémie epidemia.
Épingle alfiler.
Époque época.
Épouvantable espantoso.
Époux esposo.
Épuisé agotado.
Équipage tripulación.
Équipe equipo.
Équipement equipamiento.
Équiper equipar.
Équitation equitación.
Équivalent equivalente.
Erreur error.
Escale escala.
Escalier escalera.
Escroquerie estafa.
Espace espacio.
Espèces dinero efectivo.
Espérer esperar.
Essayer probar, tratar.
Essence gasolina,
  (*AmL :* bencina, nafta).
Est este.
Estimer estimar.
Estomac estómago.
Et y.
Étage piso.
État estado.
Été verano.
Éteindre apagar.
Étendre (s') extenderse, tenderse.

Étoile estrella.
Étonner (s') extrañarse.
Étranger extranjero.
Être ser, estar.
Étroit estrecho.
Étude estudio.
Étudier estudiar.
Européen europeo.
Évaluer evaluar.
Évanouir (s') desmayarse.
Événement acontecimiento.
Éventuellement eventualmente.
Évident evidente.
Éviter evitar.
Exact exacto.
Examiner examinar.
Excédent excedente.
Excellent excelente.
Exception excepción.
Excursion excursión.
Excuse excusa.
Excuser (s') disculparse,
  excusarse.
Exemple ejemplo.
Exercer (s') ejercitarse.
Exercice ejercicio.
Expédition (voy.) expedición.
– (envoi) despacho.
Expérience experiencia.
Expirer expirar.
Expliquer explicar.
Exportation exportación.
Exposition exposición.
Exprès expresamente,
  a propósito.
Express expreso.
Extérieur exterior,
  (À l'extérieur : en el exterior).
Extincteur extinguidor.
Extraordinaire extraordinario.

F

Fabriqué à hecho en.
Face cara, faz, frente.
  (En face de : frente a).
Fâché enfadado,
  (AmL : enojado).
Fâcheux molesto, fastidioso.
Facile fácil.
Facilité facilidad.
Façon manera.
Facteur cartero.
Facture factura.
Faible débil.
Faim hambre.
Faire hacer,
  (Faire attention : tener
  cuidado),
  (Faire demi-tour : dar media
  vuelta),
  (Faire marche arrière : retro-
  ceder).
Fait hecho.
Falloir ser necesario, precisar,
  (Il faut : es necesario,
  se precisa).
Famille familia.
Fatigant cansador.
Fatiguer (se) cansarse.
Faute falta, culpa.
Faux falso.
Faveur favor.
Féliciter felicitar.
Féminin femenino.
Femme mujer.
Fenêtre ventana.
Fer hierro.
Férié feriado.
Ferme (nom) granja, finca,
  (AmL : hacienda).
– (adj.) firme, consistente.

Fermé cerrado.
Fermer cerrar.
Fermeture cierre.
Féroce feroz.
Ferroviaire ferroviario.
Fête fiesta.
Fêter festejar, celebrar.
Feu fuego.
Feuille hoja.
Février febrero.
Fiancé novio.
Ficelle cuerda, soga.
Fièvre fiebre.
Fil hilo.
Filet *(pêche)* red.
Fille hija, niña, chica.
Film película.
Firme firma.
Fixer fijar.
Flamme llama.
Fleur flor.
Fleurir florecer.
Fleuve río.
Foi fé.
Foie hígado.
Foire feria.
Fois vez.
Fonctionnaire funcionario.
Fonctionner funcionar.
Fond fondo.
Force fuerza.
Forêt bosque, *(forêt vierge)* selva virgen.
Formation formación.
Forme forma.
Former formar.
Formidable formidable.
Formulaire formulario.
Fort fuerte.
Fou loco.

Foulard pañuelo para el cuello.
Foule muchedumbre, gentío.
Fourchette tenedor.
Fournir abastecer, dar.
Fourrure piel.
Fragile frágil.
Frais fresco.
Français francés.
Frapper golpear.
Fraude fraude.
Frein freno.
Fréquent frecuente.
Frère hermano.
Frire freír.
Froid frío.
Fromage queso.
Frontière frontera.
Frotter frotar.
Fruit fruta.
Fuite escape.
Fumé ahumado.
Fumée humo.
Fumer fumar.
Funiculaire funicular.
Furieux furioso.
Fusible fusible.
Fusil escopeta.
Futur futuro.

G

Gagner ganar.
Gai alegre.
Gain ganancia.
Galerie galería.
Gant guante.
Garage garaje.
Garantie garantía.
Garçon chico, muchacho.
Garder guardar, mantener.
Gardien guardia.

Gare estación.
Garer (se) aparcar, estacionar.
Gasoil gasóleo.
Gaspiller gastar, malgastar.
Gâteau pastel.
Gauche izquierda,
   (**À gauche :** a la izquierda).
Gaz gas.
Gazeux gaseoso.
Geler helar.
Général general.
Gens gente.
Gentil gentil.
Gérant administrador, gerente.
Gibier caza.
Glace hielo.
Gonfler inflar.
Gorge garganta.
Goût gusto.
Goûter probar.
Goutte gota.
Grâce à gracias a.
Grand grande.
Grandeur grandeza, tamaño.
Grandir crecer.
Grand-mère abuela.
Grand-père abuelo.
Gras *(nom)* gordo, gordura.
– *(adj.)* graso, grasoso.
Gratuit gratis.
Grave grave.
Grève huelga.
Grillé asado.
Griller asar, tostar.
Grimper escalar, trepar.
Grippe gripe.
Gris gris.
Gros gordo.
Grossier grosero.
Grossir engordar.

Groupe grupo.
Guêpe avispa.
Guérir sanar, mejorarse.
Guichet ventanilla.
Guide *(pers.)* guía.
– *(livre)* guía.
Guider guiar.

H

Habiller (s') vestirse.
Habitant habitante.
Habiter vivir.
Habitude costumbre.
Habituellement habitualmente.
Habituer (s') acostumbrarse.
Hacher picar, moler.
Hanche cadera.
Haricot judía,
   (*Mex :* frijol, *AmL :* poroto).
Hasard casualidad, azar.
Hâte prisa.
Haut alto,
   (**En haut :** arriba).
Hauteur altura.
Hebdomadaire *(nom)* semanario.
– *(adj.)* semanal.
Herbe hierba.
Heure hora.
Heureux feliz.
Heureusement felizmente,
   por suerte.
Hier ayer.
Histoire historia.
Hiver invierno.
Homéopathie homeopatía.
Hommage homenaje.
Homme hombre.
Honnête honesto, correcto.
Honneur honor.
Honoraires honorarios.

Honte vergüenza,
(**Avoir honte** darle vergüenza,
ex : **J'ai honte** me da ver-
güenza).
Hôpital hospital.
Horaire horario.
Horrible horrible.
Hors de fuera de.
Hors-d'œuvre entremés, entrada.
Hors saison fuera de estación.
Hors taxe libre de impuestos.
Hospitalité hospitalidad.
Hôte huésped.
Hôtel hotel.
Hôtel de ville Ayuntamiento,
(*AmL :* Municipalidad).
Hôtesse *(de l'air)* azafata.
Huile aceite.
Huître ostra,
(*Mex :* ostión).
Humeur humor.
Humide húmedo.
Humour humor.
Hutte choza.

I

Ici aquí,
(*AmL :* acá).
Idéal ideal.
Idée idea.
Idiot idiota.
Il él.
Il y a hay.
Île isla.
Illégal ilegal.
Ils ellos.
Image imagen.
Imbécile imbécil.
Immatriculation matrícula.
Immédiat inmediato.

Immeuble inmueble, edificio.
Immigration inmigración.
Immunisé inmunizado.
Impatient impaciente.
Imperméable impermeable.
Important importante.
Importuner importunar.
Impossible imposible.
Impôt impuesto.
Impression impresión.
Imprimer imprimir.
Imprudent imprudente.
Inadvertance inadvertencia.
Inattendu inesperado.
Incapable incapaz.
Incendie incendio.
Incertain incierto.
Incident incidente.
Inclure incluir.
Inclus incluido.
Inconfortable inconfortable.
Inconnu desconocido.
Inconvénient inconveniente.
Incroyable increíble.
Indécent indecente.
Indécis indeciso.
Indépendant independiente.
Indéterminé indeterminado.
Indication indicación.
Indice índice.
Indigestion indigestión.
Indiquer indicar.
Indispensable indispensable.
Individuel individual.
Industrie industria.
Inefficace ineficaz.
Inévitable inevitable.
Infecté infectado.
Infectieux infeccioso.
Infirme inválido.

Infirmière enfermera.
Inflammable inflamable.
Information información.
Informer informar.
Injection inyección.
Injuste injusto.
Innocent inocente.
Inoffensif inofensivo.
Inondation inundación.
Inquiet inquieto.
Inscrire inscribir.
Insecte insecto.
Insecticide insecticida.
Insignifiant insignificante.
Insister insistir.
Insolation insolación.
Insomnie insomnio.
Installation instalación.
Instant instante.
Instruction instrucción.
Instrument instrumento.
Insuffisant insuficiente.
Insuline insulina.
Insupportable insoportable.
Intelligence inteligencia.
Intelligent inteligente.
Intensif intensivo.
Intercontinental intercontinental.
Intéressant interesante.
Intéresser (s') interesarse.
Intérêt interés.
Intérieur (à l'– de) dentro de.
Intermédiaire intermediario.
International internacional.
Interprète intérprete.
Interroger interrogar.
Interrompre interrumpir.
Interrupteur interruptor.
Interruption interrupción.
Intervalle intervalo.

Intoxication intoxicación.
Inutile inútil.
Inventer inventar.
Inversement contrariamente.
Invitation invitación.
Inviter invitar, convidar.
Invraisemblable inverosímil.
Irrégulier irregular.
Irrité irritado.
Itinéraire itinerario.
Ivre ebrio, borracho.

J

Jadis en otros tiempos.
Jaloux celoso.
Jamais nunca, jamás.
Jambe pierna.
Jambon jamón.
Janvier enero.
Jardin jardín.
Jaune amarillo.
Je yo.
Jetée malecón.
Jeter tirar, botar.
Jeton ficha.
Jeu juego.
Jeudi jueves.
Jeun (à) en ayunas.
Jeune joven.
Jeûner ayunar.
Jeunesse juventud.
Joie alegría.
Joindre juntar.
Joli bonito,
   (*AmL* : lindo).
Jonction junción.
Jouer jugar.
Jouet juguete.
Jour día.
Journal periódico,
   (*AmL* : diario).

Journée día, jornada.
Joyeux alegre, feliz.
Juge juez.
Juger juzgar.
Juillet julio.
Juin junio.
Jumeau gemelo.
Jumelles prismáticos.
Jument yegua.
Jupe falda.
Jurer jurar.
Juridique jurídico.
Jus zumo, (*AmL* : jugo).
Jusque hasta.
    (**Jusqu'à ce que** : hasta que).
Juste justo, (*étroit*) estrecho.
Justement justamente.
Justice justicia.
Justifier justificar.
Juteux jugoso.

K-L

Kilogramme kilógramo.
Kilomètre kilómetro.
Kiosque kiosco.
Klaxon claxon, bocina.
Là allí, ahí.
Là-bas allá.
Lac lago.
Lacet lazo, cordón.
Là-haut allá arriba.
Laid feo.
Laine lana.
Laisser dejar.
Laissez-passer pase, salvo-
    conducto.
Lait leche.
Lampe lámpara.
– (*de poche*) linterna.
Langue lengua.

Lapin conejo.
Large ancho.
Largeur ancho.
Lavabo lavabo.
Laver lavar.
Laverie lavandería.
Le, la, les el, la, los, las.
Leçon lección, clase.
Légal legal.
Léger liviano.
Légume verdura, (*sec*) legumbre.
Lent lento.
Lentement lentamente.
Lentille lenteja.
– (*optique*) lente.
Lésion lesión.
Lessive lavado.
Lettre carta.
Leur, leurs su, sus.
Lever (se) levantarse.
Levier palanca.
Lèvre labio.
Libre libre.
Licence licencia, permiso, carné.
Licite lícito.
Lier ligar, unir.
Lieu lugar,
    (**Avoir lieu** : ocurrir, tener lugar).
Ligne línea, (*pêche*) caña de pescar.
Linge ropa.
Liquide líquido.
Lire leer.
Liste lista.
Lit cama.
Litige litigio.
Litre litro.
Livre libro.
Localité localidad.
Locataire arrendatario.

Location alquiler,
  (*AmL :* arriendo).
Loge *(théâtre)*, palco.
Loi ley.
Loin lejos.
Loisir tiempo libre, distracción.
Long largo.
Longueur largo.
Lotion loción.
Louer alquilar, arrendar.
Lourd pesado.
Loyer alquiler, arriendo.
Lui él.
Lumière luz.
Lumineux luminoso.
Lundi lunes.
Lune luna.
Lunettes gafas,
  (*AmL :* anteojos).
Luxe lujo.
Luxueux lujoso.

M

Mâchoire mandíbula.
Madame Señora.
Mademoiselle Señorita.
Magasin tienda,
  (**Grand magasin :** almacén).
Magnifique magnífico.
Mai Mayo.
Maigre flaco, delgado.
Maigrir adelgazar.
Maillot de bain traje de baño.
Main mano.
Maintenant ahora.
Mairie ayuntamiento,
  (*AmL :* Municipalidad, Alcaldía).
Maïs maíz.
Maison casa.

Maître amo, maestro,
  (– **d'hôtel :** jefe de comedor).
Malade malo, enfermo.
Mâle macho.
Malheureusement desgraciada-
  mente.
Malheureux desgraciado.
Malhonnête deshonesto, incor-
  recto.
Malsain malsano.
Manche *(vêt.)* manga.
Manger comer.
Manière manera, forma.
Manifestation manifestación.
Manque falta.
Manquer faltar.
Manteau abrigo.
Manucure manicura.
Manuel *(de conversation)*
  manual.
Maquillage maquillaje.
Marchand comerciante.
Marchander regatear.
Marchandise mercadería.
Marcher caminar, andar.
Mardi martes.
Marée *(basse)* marea baja.
– *(haute)* marea alta.
Mari marido.
Mariage matrimonio, boda.
Marié casado.
Marier (se) casarse.
Marin marino.
Marine marina.
Maroquinerie marroquinería.
Marque marca.
Marraine madrina.
Marron marrón, café.
Mars marzo.
Marteau martillo.

Masculin masculino.
Masque máscara.
Massage masaje.
Match partido.
Matelas colchón.
Matériel material.
Matin mañana.
Mauvais malo.
Maximum máximo.
Mécanicien mecánico.
Mécanisme mecanismo.
Méchant malo.
Mécontent descontento.
Médecin médico.
Médical médico.
Médicament medicina, remedio.
Médiocre mediocre.
Méfier (se) desconfiar.
Meilleur mejor.
Mélange mezcla.
Mélanger mezclar.
Membre miembro.
Même mismo.
Mensonge mentira.
Mensuel mensual.
Mentir mentir.
Mercredi miércoles.
Mère madre.
Merveilleux maravilloso.
Message mensaje.
Messe misa.
Mesure medida.
Mesurer medir.
Métal metal.
Météorologie meteorología.
Mètre metro.
Métro metro,
  (*Arg* : subte).
Mettre poner.
Meuble mueble.

Meublé amueblado, amoblado.
Meurtre homicidio.
Microbe microbio.
Midi mediodía.
Mieux mejor.
Migraine jaqueca.
Milieu medio,
  (**Au milieu de :** en medio de).
Mille (*distance*) milla.
– (*nombre*) mil.
Million millón.
Mince delgado.
Mine mina.
Minimum mínimo.
Minuit medianoche.
Minute minuto.
Miroir espejo.
Mode moda.
– d'emploi instrucciones.
Modèle modelo.
Moderne moderno.
Moi yo.
Moins menos,
  (**Au – :** al menos, por lo menos).
Mois mes.
Moitié mitad.
Moment momento, rato.
Mon, ma, mes mi, mis.
Monastère monasterio.
Monde mundo,
  (**Beaucoup de – :** mucha gente).
Monnaie moneda, cambio,
  sencillo, vuelto.
Monsieur Señor.
Montagne montaña, sierra.
Montant importe, costo.
Monter subir.
Montre reloj.
Montrer enseñar, mostrar.
Monument monumento.

Morceau trozo.
Mort *(nom)* muerte.
– *(adj.)* muerto.
Mosquée mezquita.
Mot palabra.
Moteur motor.
Moto moto.
Mou blando.
Mouche mosca.
Mouchoir pañuelo.
Mouillé mojado.
Moule molde.
Mourir morir.
Moustiquaire mosquitero.
Moustique mosquito,
  (*AmL :* zancudo).
Moutarde mostaza.
Mouton cordero.
Mouvement movimiento.
Moyen *(nom)* medio.
– *(adj.)* mediano.
Mur muro, pared.
Mûr maduro.
Musée museo.
Musique música.
Musulman musulmán.

N

Nage natación.
Nager nadar.
Naissance nacimiento.
Naître nacer.
Nappe mantel.
Natation natación.
Nationalité nacionalidad.
Nature naturaleza.
Naturel natural.
Naufrage naufragio.
Nausée náusea.
Navigation navegación.

Navire nave, barco.
Nécessaire necesario.
Nécessité necesidad.
Né nacido.
Nef nave.
Négatif negativo.
Négligent negligente.
Neige nieve.
Neiger nevar.
Nerveux nervioso.
N'est-ce pas ? ¿verdad ?,
  (*AmL :* ¿no es cierto ?).
Nettoyer limpiar.
Neuf nuevo.
Neveu sobrino.
Nez nariz.
Nièce sobrina.
Nier negar.
Niveau nivel.
Noël Navidad.
Nœud nudo.
Noir negro.
Nom *(de famille)* apellido.
– *(gramm.)* sustantivo.
Nombre número.
– *(quantité)* cantidad.
Nombreux numeroso.
Non no.
Nord norte.
Nord-est noreste.
– -**ouest** noroeste.
Normal normal.
Note nota.
Notre, nos nuestro (a),
  nuestros (as).
Nourrissant alimenticio.
Nourriture alimento, comida.
Nous nosotros.
Nouveau nuevo, novedoso.
Nouvel An Año Nuevo.

Nouvelle *(information)* noticia.
Novembre noviembre.
Noyau hueso, núcleo.
Noyer ahogar.
Nuage nube.
Nuisible perjudicial, dañino.
Nuit noche.
Nulle part en ninguna parte.
Numéro número.
Numéroter numerar.

O

Objectif objetivo.
Objet objeto.
Obligation obligación.
Obligatoire obligatorio.
Obscur obscuro.
Observer observar.
Obtenir obtener, conseguir.
Occasion ocasión.
Occupé ocupado.
Occuper (s') ocuparse.
Océan océano.
Octobre Octubre.
Odeur olor.
Œil ojo.
Œuf huevo.
Œuvre obra.
Offense ofensa.
Office oficina, oficio.
Officiel oficial.
Offrir ofrecer, regalar.
Oiseau pájaro.
Ombre sombra.
Omelette tortilla.
Omission omisión, olvido.
On se.
Oncle tío.
Ongle uña.
Opéra ópera.

Opération operación.
Opérer operar.
Opinion opinión.
Opportun oportuno.
Opposé opuesto.
Opticien óptico.
Or oro.
Orage tormenta.
Orange naranja.
Orchestre orquesta.
Ordinaire ordinario.
Ordinateur ordenador,
    (AmL : computador).
Ordonnance receta.
Ordre orden.
Ordure basura.
Oreille oreja.
Oreiller almohada.
Organisation organización.
Organiser organizar.
Orientation orientación.
Orienter (s') orientarse.
Originaire originario.
Original original.
Orteil (gros) dedo mayor del pie.
Orthographe ortografía.
Os hueso.
Oser atreverse.
Ôter quitar, sacar.
Ou o.
Où dónde.
Oublier olvidar.
Ouest oeste.
Oui sí.
Outil herramienta.
Outre-mer ultramar.
Ouvert abierto.
Ouvre-boîtes abrelatas.
Ouvrir abrir.

P

Pacotille pacotilla.
Page página.
Paiement pago.
Paille paja.
Pain pan.
Paire par.
Paix paz.
Palais palacio.
Pâle pálido.
Palmes *(nat.)* aletas.
Pamplemousse pomelo,
  (Mex : toronja).
Panier cesta,
  (AmL : canasto).
Panne avería.
Panneau cartel, panel.
Pansement apósito.
Pantalon pantalón.
Papeterie papelería.
Papier papel.
Papiers *(documents)* documentos.
Papillon mariposa.
Paquebot barco.
Pâques Pascua, Semana Santa.
Paquet paquete.
Par por.
Paraître aparecer.
Parapluie paraguas.
Parasol parasol.
Parc parque.
Parce que porque.
Parcmètre parquímetro.
Par-dessus por encima.
Pardessus sobretodo.
Pardon perdón.
Pardonner perdonar.
Pareil igual.
Parent pariente.
Parents *(les)* padres.

Paresseux perezoso.
Parfait perfecto.
Parfum perfume.
Pari apuesta.
Parier apostar.
Parking parking,
  estacionamiento.
Parlement parlamento.
Parler hablar.
Parmi entre.
Parrain padrino.
Part parte.
Partager compartir.
Parti partido.
Partie partido.
Partir irse.
Partout por (en) todas partes.
Pas paso.
Passage paso.
– à niveau paso a nivel.
Passager pasajero.
Passé pasado.
Passeport pasaporte.
Passer pasar.
Passe-temps pasatiempo.
Passionnant apasionante.
Pasteur pastor.
Pastille pastilla.
Pâté paté.
Patient paciente.
Patienter esperar.
Patinage patinaje.
Pâtisserie pastelería.
Patrie patria.
Patron patrón.
Paupière párpado.
Pause pausa.
Pauvre pobre.
Payable pagadero.
Payer pagar.

Pays país.
Paysage paisaje.
Paysan campesino.
Péage peaje.
Peau piel.
Pêche *(fruit)* melocotón, *(AmL :* durazno).
– *(sport)* pesca.
Pêcher pescar.
Pêcheur pescador.
Pédicure pedicuro.
Peigne peine, peineta.
Peindre pintar.
Peine pena, dificultad, (**À peine :** apenas).
Peintre pintor.
Peinture pintura.
Pelle pala.
Pellicule *(film)* película.
– *(cheveux)* caspa.
Pelote pelota.
Pendant durante.
Penderie ropero.
Pendule reloj.
Penser pensar.
Pension pensión.
Pente bajada.
Pentecôte Pentecostés.
Pépin pepita.
Percolateur percolador.
Perdre perder.
Père padre.
Périmé caducado, (*AmL :* vencido).
Période período.
Périphérie periferie.
Perle perla.
Permanent permanente.
Permettre permitir.
Permission permiso, autorización.

Personne persona.
Personne *(nég.)* nadie.
Personnel personal.
Persuader convencer.
Perte pérdida.
Peser pesar.
Petit pequeño, chico.
Petit déjeuner desayuno.
Petits-enfants nietos.
Petit(e)-fils (fille) nieto (a).
Petit pain panecillo, pancito.
Peu poco.
Peuple pueblo.
Peur miedo.
Peut-être quizás.
Pharmacie farmacia.
Photo foto.
Photocopie fotocopia.
Photographie fotografía.
– **en couleur** fotografía en colores.
– **en noir et blanc** fotografía en blanco y negro.
Photographier sacar una foto.
Phrase frase.
Pickpocket ratero.
Pièce *(de monnaie)* moneda.
– *(de rechange)* repuesto.
– *(de théâtre)* obra.
– *(unité)* pieza.
Pied pie.
Piège trampa.
Pierre piedra.
Piéton peatón.
Pile pila.
Pilote piloto.
Pilule píldora.
Pinces *(à épiler)* pinzas de depilar.

– *(outil)* alicate.
– *(à linge)* alfileres de la ropa.
Pinceau pincel.
Pipe pipa.
Piquant picante.
Piquer picar.
Piqûre picadura.
– *(méd.)* inyección.
Pire peor.
Piscine piscina.
Piste pista.
Pitié piedad.
Pittoresque pintoresco.
Placard armario.
Place *(ville)* plaza.
– *(spect.)* localidad, entrada.
Plafond techo, cielo.
Plage playa.
Plaindre (se) quejarse.
Plaine llanura, llano.
Plainte queja, denuncia.
Plaire gustar.
Plaisanterie broma.
Plaisir placer.
Plan plano.
Plancher piso.
Plante planta.
Plat *(nom)* plato.
– *(adj.)* plano, liso.
Plateau bandeja.
Platine *(métal)* platino.
Plein lleno.
Pleurer llorar.
Pleuvoir llover.
Pliant plegable.
Plier doblar, plegar.
Plomb plomo.
Plombage *(dent)* empaste,
  (AmL : tapadura).
Plonger zambullirse.

Pluie lluvia.
Plume pluma.
Plus más,
  (**Plus ou moins :** más o menos).
Plusieurs varios.
Plutôt más bien.
Pneu neumático.
Pneumonie neumonía.
Poche bolsillo.
Poêle *(chauffage)* estufa.
– *(cuisine)* sartén.
Poids peso.
Poignée puño, *(porte)* manilla.
Point punto.
Pointe punta.
Pointu puntiagudo.
Pointure número.
Poire *(fruit)* pera.
Poison veneno.
Poisson pez, pescado.
Poissonnier pescadero.
Poitrine pecho.
Poivron pimiento morrón.
Poli educado.
Police policía.
Politesse urbanidad, cortesía.
Politique política.
Pommade pomada.
Pomme manzana.
Pompe bomba.
Pompier bombero.
Pont puente.
Populaire popular.
Population población.
Porc cerdo.
Porcelaine porcelana.
Port puerto.
Portatif portátil.
Porte puerta.
Porte-clefs llavero.

Porte-documents portadocumentos.
Portefeuille cartera, (*AmL* : billetera).
Portemanteau percha.
Porte-monnaie monedero.
Porter llevar.
Porteur mozo, (*AmL* : maletero).
Portier portero.
Portion porción.
Portrait retrato.
Poser colocar, poner.
Position posición.
Posséder poseer.
Possession posesión.
Possibilité posibilidad.
Possible posible.
Poste (*emploi*) puesto.
– (*P.T.T.*) Correos.
– (*de radio*) radio.
Pot jarro.
Potable potable.
Potage sopa.
Poteau poste.
Poterie alfarería, (*AmL* : cerámica).
Poubelle basurero.
Pouce (*mesure*) pulgada.
– (*doigt*) pulgar.
Poudre polvo.
Poulet pollo.
Poupée muñeca.
Pour para, (**Pour moi** : para mí), (**Pour cent** : por ciento).
Pourboire propina.
Pourcentage porcentaje.
Pourquoi porqué.
Pourri podrido.

Pourrir podrir.
Pourtant sin embargo.
Pousser empujar.
Poussière polvo.
Pouvoir poder.
Pratique (*nom*) práctica.
– (*adj.*) práctico.
Pratiquer practicar.
Précaution precaución.
Précieux precioso.
Précision precisión.
Préférence preferencia.
Préférer preferir.
Premier primero.
Premiers secours primeros auxilios.
Prendre tomar.
Prénom nombre.
Préoccupé preocupado.
Préparé preparado.
Préparer (se) prepararse.
Près de cerca de.
Présenter presentar.
Préservatif preservativo.
Presque casi.
Pressé apresurado.
Presser (se) darse prisa, apresurarse.
Prêt listo.
Prêter prestar.
Prétexte pretexto.
Prêtre sacerdote.
Preuve prueba.
Prévenir prevenir.
Prévu previsto.
Prier rogar.
Prière oración.
Prince príncipe.
Princesse princesa.
Principal principal.

Printemps primavera.
Prison cárcel.
Privé privado.
Prix precio.
Probabilité probabilidad.
Probable probable.
Problème problema.
Prochain próximo.
Prochainement próximamente.
Proche cercano.
Procuration poder.
Procurer procurar.
Produire producir.
Produit producto.
Professeur profesor.
Profession profesión.
Profond profundo.
Programme programa.
Progrès progreso.
Projet proyecto.
Projeter proyectar.
Prolonger prolongar.
Promenade paseo, vuelta.
Promesse promesa.
Promettre prometer.
Promotion promoción.
Promptitude prontitud.
Prononcer pronunciar.
Prononciation pronunciación.
Propos (à) a propósito.
Proposer proponer.
Proposition proposición.
Propre propio, *(net)* limpio.
Propriétaire propietario, dueño.
Propriété propiedad.
Prospectus prospecto, folleto.
Prostituée prostituta.
Protection protección.
Protestant protestante.
Prouver probar.

Provisions provisiones.
Provisoire provisorio.
Proximité cercanía.
Prudent prudente.
Public público.
Publicité publicidad.
Puce pulga.
Puis luego, después.
Puissant poderoso.
Puits pozo.
Punaise chinche.
Pur puro.
Pus pus.

Q

Quai *(port)* muelle.
– *(gare)* andén.
Qualité calidad.
Quand cuándo.
Quantité cantidad.
Quart cuarto.
Quartier barrio.
Que que.
Quel, quelle cuál.
Quels, quelles cuáles.
Quelque chose algo.
Quelque part en alguna parte.
Quelquefois a veces.
Quelques algunos (as).
Quelqu'un alguien.
Querelle querella.
Qu'est-ce que qué.
Question cuestión.
– *(interro.)* pregunta.
Queue cola.
Qui quién.
Quiconque cualquiera.
Quincaillerie ferretería.
Quinine quinina.
Quittance recibo.

Quitter dejar, abandonar.
Quoi qué.
Quoique aunque.
Quotidien cotidiano.

R

Rabbin rabino.
Raccommoder remendar, zurcir.
Raccourcir acortar.
Raconter contar.
Radiateur radiador.
Radio radio.
Radiographie radiografía.
Rafraîchissement refresco.
Rage rabia.
Raide tieso.
Raisin uva.
Raison razón.
Raisonnable razonable.
Ramer remar.
Rang fila.
Rapide rápido.
Rappeler recordar.
Raquette raqueta.
Rare escaso.
Raser (se) afeitarse.
Rasoir máquina de afeitar.
Rat rata.
Ravi encantado.
Ravissant encantador.
Rayon *(magasin)* sección.
– *(soleil)* rayo.
Réalité realidad.
Récemment recientemente, hace poco.
Récépissé recibo.
Réception recepción.
Recevoir recibir.
Rechange recambio, repuesto.
Recharger cargar.

Réchaud cocinilla.
Recherche búsqueda.
– *(scient.)* investigación.
Récipient recipiente.
Réclamer reclamar.
Recommandé *(lettre)* certificado.
Recommander recomendar.
Récompense recompensa.
Récompenser recompensar.
Reconnaissance reconocimiento, agradecimiento.
Reconnaître reconocer.
Rectangulaire rectangular.
Reçu recibo.
Recueillir recoger.
Réduction reducción.
– *(prix)* rebaja.
Réel real.
Référer (se) referirse.
Refuser rechazar.
Regard mirada.
Regarder mirar.
Régime régimen.
Région región.
Règle regla.
Règlement reglamento.
– *(paiement)* pago.
Régler pagar.
Regret pesar.
Regretter sentir.
Régulier regular.
Régulièrement regularmente.
Reine reina.
Réjouir (se) alegrarse.
Relation relación.
Relier unir.
Religieuse religiosa.
Religion religión.
Remboursement reembolso.
Rembourser reembolsar.

Remède remedio.
Remerciement agradecimiento.
Remercier agradecer.
Remise entrega.
Remorquer remolcar.
Remplacer reemplazar.
Remplir llenar.
Remuer mover.
Rencontrer encontrar.
Rendez-vous cita.
Rendre devolver.
Renseignement información, dato.
Renseigner (se) informarse, preguntar.
Réparation reparación, arreglo.
Réparer arreglar.
Répartition repartición.
Repas comida.
Repasser *(le linge)* planchar.
Répéter repetir.
Répondre contestar.
Réponse respuesta.
Repos descanso.
Reposer (se) descansar.
Représentation representación.
Réservation reserva.
Réserver reservar.
Résoudre resolver.
Respecter respetar.
Respirer respirar.
Responsable responsable.
Restaurant restaurante, restorán.
Rester quedarse.
Résultat resultado.
Retard retraso, atraso.
Retarder atrasar, retrasar.
Retenir retener.
Retour regreso, vuelta.
Réveil despertador.
Réveiller despertar.

Revenir volver.
Rez-de-chaussée planta baja.
Rhumatisme reumatismo.
Rhume resfriado, constipado.
Riche rico.
Richesse riqueza.
Rideau cortina.
Rien nada.
Rire reír.
Rivière río.
Riz arroz.
Robe vestido.
Robinet grifo.
Rocher roca.
Roi rey.
Rond redondo.
Rond-point rotonda.
Rose rosa.
Rôti asado.
Rôtir asar.
Roue rueda.
Rouge rojo.
Rouler rodar.
Route carretera, camino.
Royal real.
Rue calle.
Ruelle callejuela.
Ruisseau arroyo.
Rupture ruptura.
Rusé astuto.
Rustique rústico.
Rythme ritmo.

S

Sable arena.
Sabre sable.
Sac bolso.
Sachet bolsa, bolsita.
Saignant jugoso.
Saigner sangrar.

Saint santo.
Saisir agarrar.
Saison *(géo.)* estación.
– *(spect.)* temporada.
Salade ensalada.
Sale sucio.
Saleté suciedad.
Salle sala.
– *(à manger)* comedor.
– *(d'attente)* sala de espera.
– *(de bain)* cuarto de baño.
Salon salón.
Saluer saludar.
Salut ! *(bonjour)* ¡hola !
– *(au revoir)* ¡adiós !
Samedi sábado.
Sandwich bocadillo,
   (AmL : sandwich).
Sang sangre.
Sans sin.
Santé salud.
Satisfait satisfecho.
Sauf salvo.
Sauter saltar.
Sauvage salvaje.
Sauver salvar.
Sauvetage salvamento.
Savoir saber.
Savon jabón.
Sec seco.
Sécher secar.
Seconde segundo.
Secouer sacudir.
Secourir socorrer.
Secours socorro.
Secret secreto.
Secrétaire secretaria.
Sécurité seguridad.
Séjour estancia.

Séjourner pasar unos días,
   quedarse.
Sel sal.
Selon según.
Semaine semana.
Semelle suela.
Sentier sendero.
Sentiment sentimiento.
Sentir sentir.
Séparer separar.
Septembre Septiembre.
Sermon sermón.
Serpent serpiente.
Serré apretado.
Serrure cerradura.
Serveur mozo, camarero.
Service servicio.
Serviette *(de toilette)* toalla.
– *(de table)* servilleta.
Servir servir.
Seul solo.
Seulement solamente.
Sexe sexo.
Si si.
Siècle siglo.
Siège asiento.
Signal señal.
Signaler señalar.
Signature firma.
Signe signo.
Signer firmar.
Signification significación.
Signifier significar.
Silence silencio.
Silencieux silencioso.
Simple simple.
Sincère sincero.
Sinon si no.
Site sitio, lugar.
Situation situación.

Skier esquiar.
Slip calzoncillo.
Sobre sobrio.
Sœur hermana.
Soie seda.
Soif sed.
Soigner cuidar.
Soin cuidado.
Soir tarde, noche.
Soirée noche, velada.
Sol suelo.
Soldat soldado.
Soldes saldos, liquidación.
Soleil sol.
Solide sólido.
Sombre sombrío, obscuro.
Somme suma.
Sommeil sueño.
Sommet cumbre.
Somnifère somnífero.
Son, sa, ses su, sus.
Son *(bruit)* sonido.
Sonnette timbre.
Sorte tipo.
Sortie salida.
Sortir salir.
Souci preocupación.
Soudain de repente.
Souffle soplo, aliento.
Souffrir sufrir.
Soulever levantar.
Soupe sopa.
Sourd sordo.
Souris ratón.
Sous bajo.
Sous-vêtements ropa interior.
Soutien sostén.
Souvenir recuerdo, souvenir.
Souvent a menudo.
Spécial especial.

Spectacle espectáculo.
Spectateur espectador.
Splendide espléndido.
Sport deporte.
Stade estadio.
Station *(thermale)* balneario.
– -service gasolinera.
Stationnement estacionamiento.
Stationner estacionar, aparcar.
Stop stop.
Stupide estúpido.
Succès éxito.
Succursale sucursal.
Sucre azúcar.
Sucré azucarado.
Sud sur.
– -est sureste.
– -ouest suroeste.
Suffire bastar,
  (**Ça suffit !** ¡basta !).
Suisse Suiza.
Suite continuación.
Suivant siguiente.
Suivre seguir.
Sujet sujeto.
Superflu superfluo.
Supplément suplemento.
Supporter soportar.
Supposer suponer.
Supposition suposición.
Suppression supresión.
Sur sobre.
Sûr seguro.
Surcharge sobrecarga.
Sûrement seguramente.
Surpris sorprendido.
Surtaxe recargo.
Surveillant vigilante.
Suspendre colgar, suspender.

T

Tabac *(magasin)* estanco.
– *(plante)* tabaco.
Table mesa.
Tableau cuadro.
Tabou tabú.
Tabouret taburete.
Tache mancha.
Taché manchado.
Taille talla.
Tailleur *(vêt.)* traje.
– *(pers.)* sastre.
Taire (se) callarse.
Talon tacón.
Tampon *(hygiénique)* tampón.
Tant que mientras.
Tante tía.
Tard tarde.
Tarif tarifa.
Tasse taza.
Taureau toro.
Taux de change tipo de cambio.
Taxe impuesto.
Taxi taxi.
Teinte tinte.
Teinture tintura.
Teinturerie tintorería.
Tel tal.
Télégramme telegrama.
Télégraphier telegrafiar.
Téléphone teléfono.
Téléphoner llamar por teléfono.
Télévision televisión.
Témoignage testimonio.
Témoin testigo.
Température temperatura.
Tempête tempestad.
Temps tiempo.
Tendre *(adj.)* tierno.
– *(verbe)* tender.

Tenir sujetar, mantener.
Tension tensión.
Tente tienda,
  (AmL : carpa).
Terminer terminar, acabar.
Terminus terminal.
Terrain terreno, campo.
Terre tierra.
Terrible terrible.
Tête cabeza.
Thé té.
Thermomètre termómetro.
Timbre sello,
  (AmL : estampilla).
Timide tímido.
Tir tiro.
Tire-bouchon sacacorchos.
Tirer tirar, jalar.
Tiroir cajón.
Tissu tela.
Toi tú.
Toile tela.
Toilettes servicios, toilettes,
  (AmL : baño, vecé, wáter).
Toit techo.
Tomate tomate,
  (Mex : jitomate).
Tomber caerse.
Ton, ta, tes tu, tus.
Tonne tonelada.
Torchon paño, trapo.
Tôt temprano.
Total total.
Toucher tocar.
Toujours siempre.
Tour *(tournée)* vuelta.
– *(bât.)* torre.
Tourisme turismo.
Tourisme turismo.
Touriste turista.

Tourner dar vueltas.
Tout, toute, tous, toutes todo, toda, todos, todas.
Tout de suite inmediatamente.
Toux tos.
Toxique tóxico.
Traditionnel tradicional.
Traduction traducción.
Traduire traducir.
Train tren.
Traitement tratamiento.
Trajet trayecto.
Tramway tranvía.
Tranche rebanada, tajada, rodaja.
Tranquille tranquilo.
Tranquillisant tranquilizante.
Transférer trasladar.
Transformateur transformador.
Transit tránsito.
Transmission transmisión.
Transparent transparente.
Transpirer transpirar.
Transporter transportar.
Travail trabajo.
Travailler trabajar.
Travers *(à)* a través.
Traversée travesía.
Trempé mojado, calado.
Très muy.
Triangle triángulo.
Tribunal tribunal.
Troisième tercero.
Tromper (se) equivocarse.
Trop demasiado.
Trottoir acera,
 (*AmL* : vereda).
Trousse *(premiers secours)* botiquín.
– (de toilette) neceser.

Trouver encontrar.
Tu tú.
Tuer matar.
Tumeur tumor.
Tympan tímpano.

U

Ulcère úlcera.
Un, une un, una.
Uniforme uniforme.
Unique único.
Urgence urgencia.
Urgent urgente.
Urine orina.
Usage uso, empleo.
Usine fábrica.
Ustensile utensilio.
Usuel usual.
Utile útil.
Utiliser usar, utilizar.

V

Vacances vacaciones.
Vaccin vacuna.
Vaccination vacunación.
Vache vaca.
Vague *(nom)* ola.
– *(adj.)* vago.
Vaisselle vajilla.
Valable válido.
Valeur valor.
Valide válido.
Validité validez.
Valise maleta.
Vallée valle.
Valoir valer, costar.
Varié variado.
Variété variedad.
Vaseline vaselina.

Veau ternero.
Végétarien vegetariano.
Véhicule vehículo.
Velours terciopelo.
Vendeur vendedor.
Vendre vender.
Vendredi viernes.
Vendu vendido.
Venir venir.
Vent viento.
Vente venta.
Ventilateur ventilador.
Ventre vientre.
Verglas hielo.
Vérifier verificar, comprobar.
Vérité verdad.
Verre vidrio.
– *(pour boire)* vaso.
Verrou cerrojo.
Vers hacia.
Vert verde.
Vestiaire guardarropa.
Vêtements ropa.
Veuf, veuve viudo (a).
Vexé ofendido.
Viande carne.
Vide vacío.
Vider vaciar.
Vieux viejo.
Vignoble viñedo.
Vigoureux vigoroso.
Village pueblo.
Ville ciudad.
Vin vino.
– **blanc** blanco.
– **rouge** tinto.
– **rosé** rosado.
Vinaigre vinagre.
Virement transferencia,
    (AmL : giro).
Virer girar.

Vis tornillo.
Visa visado, *(AmL :* visa).
Visage rostro, cara.
Visibilité visibilidad.
Visible visible.
Visite visita.
Vite rápidamente, de prisa.
Vitesse velocidad, rapidez.
Vitre cristal, vidrio.
Vitrine escaparate,
    (AmL : vitrina).
Vivre vivir.
Voie vía.
Voir ver.
Voisin vecino.
Voiture coche,
    (AmL : carro, auto).
Voix voz.
Vol *(avion)* vuelo.
– *(dérober)* robo.
Voler robar.
Voleur ladrón.
Volonté voluntad.
Volontiers con mucho gusto.
Vomir vomitar.
Voter votar.
Votre, vos su, sus, vuestro (a, os,
    as).
Vous usted, ustedes, vosotros.
Voyage viaje.
Voyager viajar.
Voyageur viajero.
Vrai verdadero.
Vue vista.

W-Z

Wagon-lit coche cama.
– **-restaurant** coche restaurante,
    (AmL : coche comedor).
Zéro cero.
Zone zona.

INDEX

Composition réalisée par NORD COMPO

Imprimé en France sur Presse Offset par

BRODARD & TAUPIN

GROUPE CPI

La Flèche (Sarthe).
N° d'imprimeur : 16142 – Dépôt légal Édit. 29661-12/2002
Librairie Générale Française - 43, quai de Grenelle - 75015 Paris.

ISBN : 2 - 253 - 08774 -2   30/8774/9